新时代高校创新创业教育实践研究

翁琳源　著

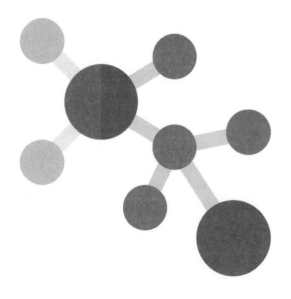

中国纺织出版社有限公司

图书在版编目（CIP）数据

新时代高校创新创业教育实践研究/翁琳源著.
北京：中国纺织出版社有限公司，2024.8. — ISBN
978-7-5229-2121-1

Ⅰ. G640

中国国家版本馆 CIP 数据核字第2024CD2900 号

责任编辑：苗　苗　　责任校对：高　涵　　责任印制：王艳丽

中国纺织出版社有限公司出版发行

地址：北京市朝阳区百子湾东里 A407 号楼　邮政编码：100124

销售电话：010—67004422　传真：010—87155801

http://www.c-textilep.com

中国纺织出版社天猫旗舰店

官方微博 http://weibo.com/2119887771

三河市宏盛印务有限公司印刷　各地新华书店经销

2024 年 8 月第 1 版第 1 次印刷

开本：710×1000　1/16　印张：11.5

字数：146 千字　定价：98.00 元

凡购本书，如有缺页、倒页、脱页，由本社图书营销中心调换

前　言

"大众创业,万众创新"赋予了新时代高校创新创业教育新的内涵,也对其提出了更高要求。在新时代,作为创新创业教育的主要载体,高等学校不仅承担着素质教育的责任,更具有为社会培养、输送大量创新创业型人才的重要使命。因此,高等教育要全面实施素质教育,着力提高教育质量,培养学生的创新精神、实践能力和社会责任感,就必须深化创新创业教育改革。发展是第一要务,人才是第一资源,创新是第一动力。新时代大学生要紧扣时代发展主题,在"大众创业、万众创新"的磅礴潮流中勇挑历史重担,为实现中华民族伟大复兴的中国梦而努力奋斗。

本书共六章,第一章为新时代高校创新创业教育理论概述;第二章为新时代高校创新创业教育的机制及其运行;第三章为"创新创业+"人才培养研究;第四章为互联网时代下的高校创业者与创业团队;第五章为新时代高校创新创业教育的实践路径;第六章为未来的创业和创新创业教育。

本书在编写过程中参考、借鉴了相关专家、学者的著作与资料,在此谨表谢意。限于著者水平,书中不足之处在所难免,还望各位专家和同行及时指正,不胜感激。

翁琳源

2024 年 6 月

目 录

第一章　新时代高校创新创业教育理论概述 …………………… **001**

第一节　创新创业教育相关概念 ………………………… 001

第二节　创新创业教育的理论支撑 ……………………… 003

第三节　创新创业教育的特点及功能 …………………… 007

第四节　创新创业教育的目标及内容 …………………… 010

第五节　新时代高校创新创业教育的意义 ……………… 012

第二章　新时代高校创新创业教育的机制及其运行 ………… **017**

第一节　创新创业教育的内在契合机制 ………………… 017

第二节　新时代高校协同创新创业教育的管理决策

机制 ……………………………………………… 035

第三节　新时代高校协同创新创业教育的激励与调控

机制 ……………………………………………… 044

第四节　新时代高校协同创新创业教育机制的有效

保障 ……………………………………………… 062

第三章　"创新创业＋"人才培养研究 ……………………… **085**

第一节　"创新创业＋"人才培养模式分析与构建 …… 085

第二节　"创新创业＋"形势下人才培养模式课程与

实践体系构建 …………………………………… 094

第三节　"创新创业＋"人才培养模式实践体系

构建 ……………………………………………… 105

第四节 "创新创业＋"人才培养模式评价体系
　　　　建设 ……………………………………………… 110

第四章 互联网时代下的高校创业者与创业团队 …………… 116
　第一节 大学生创业者 ……………………………………… 116
　第二节 大学生创业团队建设 ……………………………… 123
　第三节 "互联网＋"大学生创业的优劣势分析 ………… 134

第五章 新时代高校创新创业教育的实践路径 ……………… 139
　第一节 新时代高校创新创业教育管理实践模式 ………… 139
　第二节 新时代高校创客空间的搭建 ……………………… 142
　第三节 新时代高校创新创业多元孵化实践方式 ………… 157
　第四节 新时代高校创新创业教育与专业教育融合
　　　　的课程体系实践 ……………………………………… 159

第六章 未来的创业和创新创业教育 ………………………… 161
　第一节 数字时代大学生的就业创业能力 ………………… 161
　第二节 未来的创新创业教育 ……………………………… 173

参考文献 ………………………………………………………… 176

第一章

新时代高校创新创业教育理论概述

第一节　创新创业教育相关概念

一、创新和创业的概念

创新与创业的含义、概念不同，语境、语义也有所区别，在不同的时期和领域有着不同的解释。

"创新"（bring forth new ideas）的概念涉及经济学、社会学、管理学等多个领域，分类众多，其原义包含三个方面：更新、创造新的东西、改变。汉语词典把"创新"的含义解释为"抛开旧的，创造新的"。奥地利经济学家、创新理论的奠基人熊彼特认为，"创新"就是建立一种新的生产函数，也就是把一种新的生产要素和生产条件的"新组合"引入生产体系。这包括五种情况：引进新产品、引入新的生产方法、开辟新的市场、控制原材料或半成品的新来源、建立工业（企业）的新组织。企业家的职能就是要引进"新组合"，实现创新。管理学大师德鲁克在《创新与企业家精神》一书中发展了熊彼特的创新理论，认为创新是赋予资源以新的创造财富能力的行为。

郁义鸿、李志能等人认为，创业是一个发现和捕捉机会且由此创造出新颖的服务或实现其潜在价值的过程。罗天虎认为，创业是个人或群体为了改变现状、造福后人,努力创造和积累财富的艰苦奋斗过程。创业活动具有开拓性、自主性和功利性等基本特征。清华大学学者雷家骕认为,创业是创新的特殊形态。

在理论上,当今学者并没有给创业下一个普遍接受的定义。但梳理之后不难发现,创业有狭义和广义之分:狭义的创业通常指创建一个新的企业;广义的创业一般指创造新事业的过程。

二、创新教育与创业教育的概念

杨爱杰认为,创业教育就是指培养学生创业意识、素质和创业技能的教育活动,以及教会学生适应社会生存、提高能力和自我创业的方法和途径。经合组织专家柯林·博尔在《学会关心:21世纪的教育圆桌会议报告》中写到,创业教育通过开发、提高学生创业的基本素质和能力,使学生具备从事创业实践活动必需的知识、精神、能力和心理品质,是未来的人除了学术性和职业性的"教育护照"外应该掌握的第三本"教育护照"。

曹胜利、雷家骕在《中国大学生创新创业教育发展报告》中指出:创新创业教育与传统教育相比,二者的根本区别是突出了学生创新创业能力的培养,体现了社会经济发展对人才、知识、素质、能力结构的根本性要求。它把成才的选择权交给学生,这将成为高校深化教育教学改革的重要教育理念。在这个理念中,创新是灵魂,创业是载体,创新创业是一种实践行为,强调了事业心与开拓能力的培养。

创新教育与创业教育有着一致的目标,在培养学生的实践能力方面有着相同的价值取向,创业教育侧重人生价值的自我实现,而创新教育注重的是人的素质的提升。创新教育与创业教育交叉、密集、重叠,互相包含。从集合的视角看,将创新教育与创业教育作为一个整体来研究并加以推进是必然趋势。

三、大学生创新创业教育

在实践中,创新教育与创业教育的共性远远大于其个性,广义而言是高度一致的。作为一种新的教育理念,从知行统一的角度和以学生为行为主体的观点来看,创新教育与创业教育应该是统一的,故应当作为一个统一的范畴开展分析和研究,即创新创业教育。

中南大学学生创新创业指导中心主任杨芳在《创新创业教育方法》一文中认为,大学生创新创业教育是以创造性和创新性为基本内涵,以课程教学与实践活动相结合为主要载体,以开发、提高受教育者综合素质为目标,培养其未来从事创新创业实践活动而必备的意识、人格、知识、思维、能力等的素质教育。这是对素质教育的新认识,而且是具体的、真实的、有针对性的、可操作实施的新认识。

从广义上讲,大学生创新创业教育是关于创造新的伟大事业的一种教育实践活动;从狭义上讲,它是一种关于创造新的职业工作岗位的教学实践活动,是当代大学生走上主动就业、灵活就业、自主创业之路的教育改革活动。

第二节　创新创业教育的理论支撑

一、系统科学理论

"系统"是从贝塔朗菲开始真正具有了明确而科学的定义,并被赋予了重要意义。"现代社会和生活的整个领域里都需要按新的方式抽出新的概念、新的观念和范畴,而它们都是以'系统'概念为中心的。"贝塔朗菲认为,系统是相互联系、相互作用着的诸元素的集或统一体,是处于一定的相互关系中并与环境发生关系的各组成部分的总体。系统论的基本思想方法,就是把研究和处理的对象当作一个系统,分析系统的结构和功能,研究系统、要素、环境三者之间的相互关系和变动的规律性，并优化系统观点看问题。该理论认为，整体性、层次性、结构性、开放性等是所有系统共同的基本特征。从系统的定义到其基本特征的阐述，我们不难发现，系统论的适用范围非常广，因为从系统的角度来看，世界上任何事物都可以看成是一个系统，系统是普遍存在的。

在创新创业教育活动中，创新创业教育的外部环境——社区环境和社会环境等是教育者有目的、有计划地选择并引入创新创业教育系统的，实际上是一种"人工"的创业环境，而受教育者结束教育后真正面对的却是"自然"的创业环境。受教育者从一种"人工"的创业环境进入"自然"的创业环境，从单纯而理想的环境进入复杂而真实的环境，视野立即开阔起来，认知范围迅速扩大，各种性质不同、方向迥异、差异极大的影响物全方位地作用于受教育者，迫使其分析、比较、综合、判断和选择。这一方面对受教育者的心理素质提出了更高的要求，另一方面也对创新创业教育的外部环境提出了要求，两者之间互相作用，密切联系。另外，创业能否成功取决于创业者自身素质的高低等内在原因，而外部环境也起着重要的影响作用。因此，创新创业教育是个庞大而复杂的工程，不单单是教育部门的事，能否达到预期效果，不仅需要教育内部各要素之间互相配合，还离不开外部环境的支持，即需要国家、社会、政府通过政策、资金、法律、法规和舆论等的广泛支持来实现。

二、创造力开发理论

创新精神是创业的灵魂与动力。要创业，就要有追求新事物的强烈意识、对新事物的敏感和好奇心、对新事物执着的探究兴趣、追求新发现和新发明的激情、百折不挠的毅力和意志，以及脚踏实地的严谨作风。

创新创业教育，简单来说就是培养创业者的教育。创业者不论是创建新企业，还是在原有企业中采用新战略、开发新产品、开辟新市场、引进新技术或运用新资源，都是不同程度的创新活动，因而创业者首先是创新者,要具有创新的思维和能力。而创新的思维和能力则是个体创造力水平的综合体现。因此,开发人的创造力是培养和提高高等院校学生创业能力的有效途径。

人类早在两千多年前就开始思考并定义创造的内涵。例如,古希腊的亚里士多德认为创造就是"产生了前所未有的事物";马克思认为创造是一种实践活动,是人类改造自然的活动,同时,人类的创造活动创造了人类自身;《现代汉语词典》对创造的定义是"想出新方法,建立新理论、做出新的成绩或东西";《辞海》中的定义则是"首创前所未有的事物";创造学中把创造定义为"人首次产生崭新的精神成果或物质成果的思维与行为的总和"。从上述对创造的定义可以看出,创造注重"新",发现新事物、建立新理论、提出新观点、想出新方法、产生新产品等都属于创造,而且创造的产品不只是物质的,也可以是精神的。

创造力开发理论是 20 世纪中期开始在美国、欧洲和日本等推行的一种旨在开发人的创造能力,以创造性地解决面临的各种政治、社会、经济、科技、文化、环境问题的活动,重点是培养创造、创新、创业的精神和素质的能力。创造力开发就是开发人创造性地解决问题能力的一种活动,体现于创新的过程和成果之中。开发创造新常态下高校创新创业教育的研究力,是时代的需要,也是市场经济发展的需要。创造力的概念是由美国心理学家吉尔福特率先提出的,他提出了广义的和狭义的创造力概念。从广义上说,创造力包括创造才能、动机和气质特征;从狭义上说,创造力就是创造能力。自此开始,有关创造力的研究急剧增加。目前,心理学界较为一致的看法是,创造力是根据一定的目的和任务,运用一切已知信息,开展主动的思维活动,产生出某种新颖、独特、具有社会或个人价值的产品的品质。这里的产品是指以某种形式存在的物质或思维成果。它既可以是一种新概念、新设想、新理论,也可以是一种新技术、新工艺、新产品。显然,这一定义是根据结果来判断创造力的,其判断标准是"新颖""独特"和"有价值"。

在很长的一段时间里，人们对创造的本质和方法缺乏深刻的认识，把富于创造力的人称为"天才"，使创造活动蒙上了一层神秘的面纱，创造也被认为是少数人的特权。直到 20 世纪三四十年代，创造学兴起，奥斯本等创造学家才用自己的理论和实践揭示了创造活动的基本原理，即创造力是人类与生俱来的一种潜在能力，只不过是每个人在其开发与运用程度上有所差异而已。普通人与天才之间并无不可逾越的鸿沟，创造活动有规律可循，且可被人掌握；创造能力和其他技能一样，是可以通过学习、训练而激发的，在实践锻炼中不断提高和强化的。创造力的高低虽与天赋有关，但更重要的还是决定于后天的培养、训练和实践。

三、人力资本理论

人力资本理论的产生可以追溯到 18 世纪。早在 1776 年，现代经济学的创始人亚当·斯密就在其代表作《国民财富的性质和原因的研究》一书中指出，个人通过学习获得的部分知识和技能应视作社会财富的一部分，是社会固定资本的组成部分。然而，在亚当·斯密后，只有少数经济学家继承了他的思想，大多数人虽然把人（或者说劳动力）与土地、资本并列为生产的要素，却都认为，作为生产要素的人是"非资本的"，仍然将资本这一概念限制在非人力因素方面。直到 20 世纪中叶，随着科技的进步和生产力的高度发展，人力资本在经济增长中的作用越来越重要，一些经济学家才开始系统地研究人力资本。其中，美国的西奥多·舒尔茨是最杰出的代表人物，他在其名著《论人力资本投资》一书中指出："事实证明，人力资本是社会组织和个人投资的产物，其质量高低完全取决于投资多少。"

所谓人力资本，即指凝聚在劳动者身上的知识、技能及其表现出的能力。舒尔茨认为，资本包括人力资本与物力资本两个方面。一则它们具有类似性，都是通过投资形成的；二则又有区别性，人力资本相对物力资本，具有高效性、迟效性、多效性、间接性和易流性等特点，而且人力资本的所有权一般不像物力资本那样可以转让。人力资本是关于人口质量的投资,在其形成的各种途径中,教育是一条最重要的途径。西方大多数专家指出,教育是一种生产性投资,它对经济增长具有举足轻重的作用。这是因为经济增长的关键是提高劳动力质量,进而大大提高劳动生产率,而提高劳动力质量和劳动生产率的主要途径是教育。大多数专家论证,各国人口、劳动力的先天能力是趋于平衡的、相近性,但后天获得的能力,各国却相差悬殊。各国人口和劳动力质量的差别主要取决于后天能力。这种后天能力主要表现为知识、技能、文化修养、企业精神和创造力等,这一切都是与教育密不可分的。人们通过教育获得的知识和技能,是资本的一种重要形式。

　　"创新创业教育"这一概念是联合国教科文组织在 1989 年 11 月于中国北京召开的"面向 21 世纪教育国际研讨会"上由澳大利亚埃利亚德提出的,他认为学习的第三本"护照"就是创新创业教育,它和学术性教育和职业教育具有同等重要的地位,这三种教育培养的能力是一个人在现代社会获得成功的关键。高等院校创新创业教育通过揭示创业的客观规律、创业的特点和本质,介绍创业的基本知识和技能,可以开发和提高学生的创业基本素质,培养学生的事业心、进取心、开拓精神、创新精神和创业技能,使其具有进行从事某项事业、企业、商业规划活动的能力。实践证实,受过良好创新创业教育的大学毕业生,在创业中遇到经营管理风险时,更有能力提高新事业的存活率,创新创业教育可以弥补创业经验的不足,可以系统地发展应有的创业技能。因此,加强创新创业教育投资,对社会经济发展和个人发展都具有重要意义。

第三节　创新创业教育的特点及功能

一、创新创业教育的特点

(一)先进性

创新创业教育是新世纪新兴的教学观念,发展时间不长,在我国大概有 10 年的发展历史,甚至在全世界范围内都尚未形成一个成熟健全的教育理论体系,可供参考的教学实践模型也少之又少,因而它的发展还需要进一步的探究。创新创业教育着眼于未来,正是因为它的先进性,从而对将来社会提出了更加严格的需求。它根据建成创新型国家的指导方针,紧紧跟随时代的步伐,是一种具有前瞻性、先进性的新兴教育理念和方式。大学生创新创业教育是在学生原有文化、专业、心理素质基础上开展的创新、创业素质提升教育,丰富了高等教育的内涵,提升了高等教育观念的层次。

(二)系统性

创造一般是指开创,创新在于再创性,而创业是将头脑中的思想、创意、想法变成现实中的事业的系统性过程。创业是创造和创新的过程行业化、系统化,应当将创新创业教育系统化地融汇到教学实践中去。创新教育、素质教育、职业教育与普通教育等其他教育可能包含创新创业教育的相关因素,但都是零散、不完整的,不能起替代作用。创新创业教育是它们的有机整合,是在它们的基础上开展的个性教育,可以采取结合、渗透的方式开展。

(三)实践性

创新创业教育中的实践活动尤为重要,它能帮助学生切身体会创新创业的过程、知识、方法以及可能遭遇的困难,因而创新创业教育必须摒弃传统机械化的教学方式,注重实践活动的开展。大学生创新创业教育强调通过教育使学生学会生存和处事,在工作中将理论与实践相结合,并能拥有终身学习的观念和能力。因此,重视实践这一特点切合当今国际对人才的需求。

(四)灵活性

创新创业教育没有整齐划一的教学模式,它可以根据不同的时间、情景、地点以及教学对象选择不同的教学手段,以市场为引导,以提升学生的能力为最终目标,操作的灵活性比较强,可以将成功的创业案例等作为教学的素材,同时应当注意根据不同的教育环境选择不同的教学材料。此外,不同层次的受教育对象的价值观念可能有所不同,在教学时要注意符合不同学生的学习需求。总的来说,要做到因材施教,以提升学生的创新创业能力为最终目标,在教学过程中灵活多变,摆脱传统教学模式的禁锢,采取可行性强、操作性强且灵活有趣的教学手段。

二、创新创业教育的功能

创新创业教育是一个完整的系统,具备完善的功能。笔者通过归纳概括认为它有三个方面的功能:服务社会功能、深化教育改革功能和促进大学生全面发展功能。

(一)服务社会功能

创新创业教育是一种教育的社会实践活动,对国家加快转变经济发展方式、建设创新型国家起着非常重要的作用。一个国家的创新创业教育水平越高,社会效益和经济效果也就越好;社会的创新创业型人才发展越快,人们的物质文化生活水平也就越高。目前,创新创业无疑是经济增长的一个非常重要的积极因素。创新创业教育还有利于化解就业难题,消除社会不稳定因素,建设和谐社会。在我国经济正处于稳定增长的状态下,发展创新创业教育对推进社会稳定、建设人力资源强国显得尤为重要。因此,高校要发挥好创新创业教育职能,使受教育的学生将来成为社会财富的创造者,成为社会发展的有力推动者。

(二)深化教育改革功能

把创新创业教育教学纳入学校改革发展规划,纳入教育教学评估指标,从根本上对传统教育理念进行深层次改革,确立与之相适应的新的人才培养模式,制订专门计划,明确职能部门,改革现有的专业教育和课程体系,对提高人才培养质量,保证高等教育的持续、健康发展起着重要作用。大学生创新创业教育通过树立科学发展观，创新教学内容、教学方法与评价方式，突破传统教育理念的局限性，重视教育方法的启发性与参与性，使课堂的体验性和开创性得到发挥，不断实现教育功能的跨越式发展，从而培养出具有开拓精神、创新精神和国际竞争力的创新创业型人才。由此，高等教育才能适应市场经济对人才培养规格的要求，适应国家发展战略对知识型、创新型创业人才培养的需要，适应世界高等教育的新趋势，促进教育体制的改革与发展。

(三)促进大学生全面发展功能

创新创业教育强调全面开发人的潜能，培养学生创新性的思维方式，培养学生的能力以及技术、社交和管理技能，通过帮助其树立正确的人生观、价值观、世界观从而确定自己的职业目标，获得人生的成功。创新创业教育始终坚持以人为本，坚持面向全体，弘扬人的主体性和自由个性，帮助学生学会处理与他人、集体、社会的关系，同时提供一个可以自由翱翔和自我设计的空间，学生通过完善自身的技能，提高自己的创造力，为未来职业劳动打下良好的基础；与此同时，通过努力成功创业，升华自己的人格，实现自己的理想，证明自己的价值。因此，在创新创业教育学习和实践环境中，大学生既能培养健全人格，又能提升知识和能力，从而有益于提升个人素质，促进个人的全面发展。

第四节 创新创业教育的目标及内容

一、创新创业教育的目标

作为继学术教育、职业教育之后的"第三本教育护照"，创新创业教育是世界教育发展的趋势和方向，也是 21 世纪中国高等教育改革的重点和必然选择，因为它培养的人适应经济社会和世界的发展。

(一)培养积极进取的大学生

大学生创新创业教育旨在培养学生健康积极的心态,反对压抑个性的传统教育,变被动灌输为主动学习,促使学生能积极主动适应社会,面对挫折不言败,着眼于培养大学生的责任感,让学生立志成长为对社会有用的人才。

(二)培养具有事业心和开拓能力的大学生

大学生创新创业教育旨在培养大学生的事业心与开拓能力,也就是企业家的素养,但并不是让所有的受教育者都成为创业者。它培养学生的创新创业意识、创新创业精神、创新创业能力,同时渗透终身学习的理念,从而使学生有了成为开创性的创新创业人才的最大可能。因此,它对经济社会发展和人类进步有着积极重要的意义。

二、创新创业教育的内容

(一)创新创业意识熏陶

创新创业意识是指人对创新创业活动自觉的反映,也就是对创业者行为起到促进和动力作用的个人心理倾向,包含需要、动机、意志等心理成分。需要是源,动机是泉,意志是刃,支配着创新创业者的态度和行为。创业意识是创新创业活动的根本原因。大学生创新创业意识教育属于普及化程度的教育,旨在对学生开展商业扫盲,引导其树立目标,培养学生的创新与创业意识。

(二)创新创业观念教育

创新创业观念属于思想的范畴,是对创新创业的意义、目标以及行为的理解和认识。大学生创新创业观念教育可以帮助学生更新创业观念,避免进入误区,引导学生积极主动地探索和思考毕业后前进的方向并为之做出努力。教育者需要帮助学生更新大学生是"天之骄子"的思想观念,避免"守株待兔"的被动就业误区,避免出现守业型教育与知识经济时代对人才需求的不适应甚至背道而驰的现象。

（三）创新创业精神激励

创新创业精神是创业者在创新创业活动中表现出来的勇于进取、开拓创新、艰苦奋斗、勇担责任、团队精神等品质。要培养学生成为一名成功的创业者或潜在创业者，就要鼓励学生开拓创新，培养学生敢为精神，教会学生自我发展。

（四）创新创业能力强化

创新创业能力在一定程度上可以说是创新创业精神的体现，与先天的性格、气质有关，但这项能力主要靠后天的教育和实践来获得。创新创业能力包含创新创业认知能力（认知环境、自我和把握机会的能力）、专业职业能力（经营管理，科技运用，分析、解决问题，应变能力等）、社会能力（社会交际和适应能力）等方面。

（五）创新创业知识学习

阿基米德说："给我一个支点，我就可以撬动地球。"知识就是创新创业的支点。没有或者只有单一知识的人，单凭能力和热血，创业不可能成功。创新创业知识一般包含政策法律方面的知识、创业所需的专业知识、经营管理等商业社会知识。目前比较流行的一种知识结构为"T"型，上横代表知识的高度和广度，竖代表知识的深度和力度。大学生应当立志做"T"型复合型人才，将来无论是在工作岗位还是在创业领域，都能有更好的适应性和成功率。

第五节　新时代高校创新创业教育的意义

创新创业教育一直是与国家经济的发展、高等教育的改革相适应而产生的一种教育理念和教育形式，是学生工作的一个重要内容，需要建立教学部等多方力量共同参与的大学生创新创业培养平台。新时代亟须创新创业型人才，大学生创新创业教育已经成为培养新时代创新创业型人才、推动国家发展的重要途径。因此，新时代背景下对大学生创新创业教育的研究提升到了新的高度,在此背景下的研究更有现实意义。

一、创新创业教育是新时代建设创新型国家的必要之举

习近平总书记在党的十九大报告中多次提到过去五年我国的创新驱动发展战略,对创新型国家建设成果给予了很大的肯定,强调在新时代"创新是引领发展的第一动力,是建设现代化经济体系的战略支撑"。进入新时代的新征程,在新的历史条件下,我们要想追上并赶超发达国家的发展脚步,科学技术、教育、创新等关键环节都发挥着突出作用。在新时代奋斗目标的引领下,我们要想实现"两个一百年"奋斗目标必然需要创新的助力,而创新必然有助于解决新时代的社会主要矛盾。

持续有效地推动高校大学生创新创业教育各方面的改革是我国坚持创新驱动发展战略的重要要求。我国现在所处的时期是非常关键的时期,大学生在创新型国家建设中是非常活跃的,也是非常积极的。大学生积极参与创新创业教育课程和活动,从而培养出新时代发展所需要的创新创业精神、意识和高素质人才,必然能够为我国实现创新型国家的建成提供强有力的、积极的智力支持和人才保障。

二、创新创业教育是新时代以人民为中心的重要体现

我国社会进入了新时代,这就表示我国经济、政治、文化等各方面都进入了新的发展阶段,也明确了在新时代人民日益增长的美好生活需要和不平衡、不充分的发展之间的矛盾是我国社会的主要矛盾,更明确了在国家新的发展背景下,新时代坚持对人的全面发展和社会的全面进步的重视。因此,无论是我国小康社会的发展,还是我国国家新征程的发展,都要坚持以人民为主体来进行发展的这一个中心点。

大学生的就业问题作为整个社会普遍关注的难点和热点一直是

社会向前发展的制约因素。就业作为民生问题中的重要一环，如果能够发挥出高校学生创新创业教育的重要作用，提高大学生的实践能力，必然能够为大学生的未来职业发展提供积极的就业引领，它将开创一个"创业带动就业"的全新时代，在为大学生自身解决就业问题的同时，也为社会发展注入了强劲动力。加强新时代大学生创新创业教育，改善大学生就业现状是人民对美好生活的向往和需要，是提升人民的幸福感和获得感的重要内容，是以人民为中心的发展思想的重要体现。同时，大学生创新创业教育始终坚持将大学生培养成为全面发展的社会主义接班人，积极有效地推动大学生的综合素质发展，这些都符合新时代的发展目标。

三、创新创业教育是新时代高等教育改革的重要内容

1989 年联合国教科文组织指出："高等学校必须将创业技能和创业精神作为高等教育的基本目标。"同年，北京召开的"面向 21 世纪教育国际研讨会"首次把创新创业教育列为"第三本教育护照"。我国坚持主张高等教育要把培养大学生创新能力、实践能力以及创业精神作为关注重点，这把大学生创新创业教育以及高校教育之间的关系阐述得非常清晰。党的十九大报告指出，建设教育强国是中华民族伟大复兴的基础工程，要求发展素质教育，实现高等教育内涵式发展，开启全面建设高等教育强国的新征程。大学生创新创业教育是我国素质教育的典型体现，它紧紧跟随时代的潮流，充分彰显着时代的特征，使大学生更快、更全面地提高自身综合素质，推动大学生成长成才。在新时代，高等教育要有新作为。作为国家创新体系建设的重要组成部分，高校要落实好党的十九大精神，坚持全面深化高等教育改革，建设教育强国。因此，在新时代下加强大学生创新创业教育是深化高等教育改革，推进素质教育的应有之义，也是高等教育改革的重要使命。高等教育用大学生创新创业教育的教学方式来提高人才培养的质量水平，创新、创业、就业有效循环，培养出众多拥有创

新精神、愿意且有勇气加入创新创业行列的高素质人才,为中国梦的成功实现添砖加瓦,推动我国真正发挥出人才的优势,真正实现人力资源强国。

四、创新创业教育是新时代青年成长成才的新舞台

人才日益成为各个国家间综合实力竞争的核心要素,中国当代青年今天是中国特色社会主义的生力军,明天是中国特色社会主义的接班人,是实现中国梦的坚定力量。在党的十九大报告中,习近平总书记对青年一代发表寄语:"中华民族伟大复兴的中国梦终将在一代代青年的接力奋斗中变为现实。"在新的发展形势和发展机遇下,推动国家发展和建设的重担落到了中国当代青年的肩上,因而我们要关注新时代青年的发展。我们知道,人的发展最终是要实现人的全面发展,促进青年的全面发展离不开培养青年的创新精神和创业意识。面对社会主义现代化建设的新要求,面对经济社会发展的新形势,我们要对青年开展创新创业教育,用实际行动帮助青年成长成才,使新时代青年在日益激烈的竞争中稳扎稳打,在创新创业中实现全面发展和人生价值,真正深刻体悟到个人对民族、国家、社会的责任。创新创业教育已成为培养新时代青年的重要手段。当代青年已经站在最好的舞台上,创新创业教育将引导青年走在时代前列。

五、创新创业教育是新时代发挥思想政治教育作用的有效途径

高校思想政治教育应当适应新时代的发展要求,秉承着与时俱进的精神,时刻跟上党和国家的脚步,加快拓展思想政治教育的新时代内容,将过去灌输式、说教式的教育方式转变为开放式、参与式的教育方式。新时代大学生创新创业教育一方面更新了思想政治教育的内容,不断扩充思想政治教育的实践性,另一方面增添了思想政治教育的理论内涵,加快了新时代思想政治教育的创新脚步,符合新时

代国家对思想政治教育提出的新要求。同时,思想政治教育具有的导向功能可以为新时代大学生创新创业教育的发展注入力量。我国大学生创新创业教育起步时间比较晚,发展程度极其不完善,创新创业教育的教育理念落后于创新创业教育的实践,所以创新创业教育必须要在思想政治教育的引领下才能不断推动自身的发展,这也非常符合新时代国家对思想政治教育提出的要求——将其贯穿教学全过程,充分发挥思想政治教育对创新创业教育的导向作用。反之,大学生创新创业教育也在不断推动思想政治教育的未来发展,可以使思想政治教育在新时代以全新的姿态呈现在高校的教学体系中,使思想政治教育一直保有时代潮流性和时代实践性,使新时代的建设者和接班人的素质得到全面发展。

第二章

新时代高校创新创业教育的机制及其运行

第一节　创新创业教育的内在契合机制

一、创新教育与创业教育的契合条件

创新教育是创业教育的基础。创业教育把培养学生对待陌生事物的应变能力和创新能力作为出发点,致力于培养学生的高创新意识和思维结构,将学生培养成有创新思维和深度思考能力的人。在培养意识的同时,也要传授给学生以知识技能。教育的意义在于教书育人,要向学生传授有实践性的知识技能,提早锻炼学生的就业意识和创业心理,让学生在真正进入社会时不至于措手不及。通过创业来提高学生的就业成功率,可以极大地转变学生的就业观,帮助社会维持稳定运行的状态。创新教育的侧重点是对人的总体发展进行把控,更加倾向于对思维的培养;而创业教育则更加侧重于人的自我价值的实现。

创新教育和创业教育两者有着相同之处和不同之处,是两个辩证统一的教育理念。两者的目标有着一定的趋同性,目的都是培养学生的创新精神和实践技能,总的来说都是为了新时代的需要和社会发展作出努力,是推动新时代发展和教育改革的关键内容。创新

创业教育是一个统一、完整的教育体系，为了促进创新教育和创业教育的联合统一，需要作出一些努力。

（一）明确定位创新创业教育学科

首先要明确定位创新创业教育学科。想要评估一个项目，首先要对其定位，有了一个准确的定位，才能对其进行衡量。创新创业教育是大学教育的一项重要内容，在学科教育中占据着十分重要的地位。但是，在现有的教育中，许多高校并没有把企业管理、技术和经济科技等创新创业教育纳入教育范围当中，也没有重视这一项教育工作，这就造成了一些教育环节缺失的不良后果。创新创业教育的发展遇到了瓶颈，若不好好解决就容易被越来越边缘化。

大学生在创新创业教育中表现出的"学生老板"情况很普遍。一个个"学生老板"是在大学生创业教育活动开展过程中逐渐形成的，这是一种不符合可持续发展的现象，无法满足经济发展中的供求关系。美国有教授曾经指出，高校的创业教育与生活上单纯为了经济问题的就业培训不同，不应该是快速让学生当老板，而是要着眼于"人才的可持续发展"。

在大多数人看来，创新创业教育的关键在于技术创新的教育。在自主创新的热潮推动下，我国许多高等院校已经开始重视新型高技术人才的培养和教育。在对大学生开展创业教育的同时，势必会联想到技术创新和高新技术的问题，而往往被忽视的是社会创新方面。科教兴国战略需要技术创新的推动，高校学生在把握市场动向时，不仅需要掌握技术创新，还要及时更新理念，创新思想，顺应时代潮流。

（二）认同创新创业教育

1.创新创业教育覆盖面较窄

从目前的形势来看，已经有一部分学生在高校组织的创新创业教育活动中取得了一些收获，但仍有大部分学生并未在这一活动中收获经验,这也就难以形成创新创业教育的热潮。在高校组织的创业教育活动中,学生的创业成绩是学校关注的重点。而这些活动并非是高校中的所有学生都能参与进来的,只是少数人的活动,如若没有掌控好竞赛的程度,会产生两极分化的现象:参与的学生提高了自己的技术能力,不参与的学生拉大了与精英学生的差距,成了事件的旁观者。学校设立的大赛与团队都是有着较高的门槛,需要一些有能力和技术基础的学生才能参与,而大多数学生会因为能力不足或其他原因而被排除在这些组织之外。

2. 创新创业教育认识不清

大学生作为社会创新创业中的主力军,相比社会中的其他人员拥有更多的专业知识,但在创业过程中往往会出现创新创业经验不足的情况,而且由于大学生刚刚步入社会,人际关系协调能力较弱,抗压能力也不强,容易在心理上受到严重的打击和伤害。因此,心理素质较差的学生在毕业后最好不要选择自主创业,因为较容易面临失败。换言之,虽然不是心理素质较好的学生去创业就能够成功,但他们会比心理素质较差的学生的成功概率更大。

可以看出,高校对学生的创新创业教育更多的是应该面向全体学生的,而不应该发展为精英教育,只让小部分学生参与其中。

(三)完善创新创业教育政策

近年来,各级行政机关和教育机关都相继出台了扶持大学生创业的优惠政策,并为他们提供了有力保障。然而经过斟酌损益,还是能发现现行政策存在着一些问题。

大学生创业作为促进社会发展的一部分,应该得到相应政策的支持和保障。这是一项系统性的工作,对待这项工作,不能只关注一方面,而需要多方考虑,需要全社会的帮助,也需要政府干预,因为一些与之相关的系统还缺乏相应的政策。虽然我国对大学生创业也给予了极大的关注,但毕业生在创业时仍会遇到许多意想不到的问题,创业环境也过于艰辛。这些问题的存在必然会沉重地打击到大学生的创业积极性。

政策的执行力度不强。在大学生创业这个国家发展战略上，政府虽然出台了很多支持鼓励政策，大力支持和扶持大学生创业，但具体落实到地方政府层面及有关单位，甚至高校内部，有些政策却没有得到严格的贯彻执行。原因当然是多方面的，其中最重要的一点就是各级主管部门对支持大学生创业这个国家战略认识不足，也没有去认真学习国家的创业政策，更不能领会其意，进而制定相应的政策来完善与跟进了。

创业就意味着开创新的事业，需要具备足够的勇气与胆识。但由于我国高校教学长期采用的还是传统模式，即老师教、学生学，各级政府和各个高校也是把就业和守业作为培养人才的目标，而忽略了对大学生创新创业能力的培养。

纵观社会现实，一些高校培养出来的高级人才毕业后不敢创业，有很多顾虑，即便政府提供再好的创业政策，还是不敢去尝试。分析原因就是他们缺乏对市场的敏感度以及勇气与决心，更缺乏开拓创新的勇气和胆量。

（四）基于社会实业界实现创新创业教育契合

由于创业存在一定风险，特别是在创业初期，很可能要面临许多困难、各种考验，大学生刚出校门，社会阅历尚浅，处事经验不足，所以创业面临很大风险。再者，目前针对大学生创业的社会环境也不够良好，虽然创新创业的教育理念宣传很广，但缺乏有效引导，同时各级政府对大学生创业的经济环境也没有给予足够的重视与支持。创业资金的来源是一个需要解决的问题，中小企业在获得资金的方式上有所受限，社会对中小企业的资金优惠也较少。创业光有吃苦耐劳的精神是远远不够的，还要有勇挑重担、抗压受挫、开拓创新、承担风险的奋斗精神，当代大学生中的大部分人在这些方面还是有所欠缺的，需要契合社会实业企业现实开展创新创业教育。

二、创新教育与创业教育的内在契合路径

想要改善高校教育现阶段的困境,需要制订合适的路径和目标。要首先确定发展的目标,再寻找与之相适合的路径,其目的是为了提高学生的创新能力和综合素质。高校要想形成行之有效的创新创业教育路径,需要从学校、各级政府、大学生自身三方面入手,将这些因素完美地结合,形成一股合力。只有这三方面有力结合,互相沟通、协调,形成合作力量,才能更好地完成目标。当然,高校的创新创业教育不是让每个学生都去创业,而是因材施教,鼓励那些有创新创业精神的大学生敢于尝试、勇于尝试,积极投身于创业中。培养创新精神对大学生以后的人生道路也是有益处的,即使不去创业,具有这种素质的人也会很快在其工作岗位上崭露头角,成为主力。现在的大学生就是国家未来的接班人,是祖国未来的希望,是各个行业未来的领军人物,因此,培养具有创新创业意识的大学生对我国社会与经济的发展具有重要意义。

由此可见,高校和各级政府一定要制订全方位的战略目标,改变高校培养就业性人才的惯性,转而培养具有创新精神能自主创业的新型人才。教育是需要同时代结合的,高校管理层必须率先转变思路;高校教师也需要树立创新观念,转变固有的教学模式和内容;政府和社会要支持创新创业教育,提供尽可能的保障,使学生意识到就业不是自己上大学的唯一目的,还要加强自身的创新意识和创业思想。

(一)转变教育理念

1.以培养全面发展的创新创业人才为目标

高校的人才培养呈典型的金字塔形状,主要原因在于我国高校往往都热衷于培养高端人才,把大部分精力都用在培养金字塔尖的人才上。而从社会就业实际来看,一般企业需要的人才往往都是以

金字塔中底部的人才为主,需要的岗位也都是一线工人居多,所以出现了就业岗位与实际培养的人才不匹配的现状。由于大多数高校长久以来都不注重对学生的开拓创新精神和为人处事方面的培养,更没有实训和操练,轻视创业型人才的培养,而是偏重于研究型和被动就业型人才的培养,致使培养出来的大学生动手能力弱,缺乏创新精神,不愿冒风险,不敢去创业,缺乏斗志与奋斗精神,走上社会后为人处世的能力也不足,就算到了用人单位也会形成一种比较尴尬的局面。

通常,解决上述困境的方法就是让刚毕业的大学生先到基层岗位历练一段时间,锻炼锻炼意志力,经受一些磨炼,为以后走上更重要的工作岗位打好基础。而准备在毕业后选择自主创业的学生,更需要在工作中从底层开始尝试,从最基础的工作中吸取工作经验,增强自身在工作中的实践能力和动手能力。经过了一系列的实践、认识后,大学生才能打好创新创业的基础,坚定自主创业的决心。大学生在创新创业的过程中,可以及时调整自己的心态,提高自己的心理承受能力,努力做创新创业的各种尝试。在创业活动中,大学生还可以积累一定的经验,丰富自己的见识,拓宽自己的人脉,从而提高创业成功的概率。

一个优秀的具有创业精神的人才必须具备的条件,除了最基本的知识及技能外,还要有积极乐观、勇于向上的拼搏精神,自信的心态,顽强的意志,勇往直前的干劲,坚定的决心等。高校培养这种人才需要从三个方面着手:首先要以人为本,强调人的主观能动性,深挖每个学生的潜能;其次是培养学生的综合能力,把每个学生都培养成复合型的、全面发展的社会新人;最后以培养学生的开创能力为主导,培养学生的事业心、进取心,多鼓励有创新创业意识的学生,引导和扶持他们的这种意识。

高校的培养目标要着眼于基层,以人才市场提供的大部分就业岗位为参考,多培养金字塔中底部的实用型人才,把这些人才打造成敬业爱岗、诚实守信、勇于创新、敢于开创且专业理论知识也学得好、外语流利、信息技术掌握熟练、在为人处事方面也具备相当经验的创新创业人才。新时期的大学就应该重视对学生基础知识的教育，拓宽口径，提高素质，善于创新，以培养能够自主创业、有个性有特色的人才为新的目标方向，着力建设一批高质量、高素质的新型高校。

2. 明确创新创业人才的知识结构与能力结构

创新创业人才具有独特的知识结构，比如相关的专业性知识、综合性知识和经营管理的能力，而这些是大学生将来参与工作或者从事创业活动必须具备的知识。具备了这些知识，可以让经营者在企业的组织管理活动中更得心应手。综合性知识是其以后走上社会、发展社会关系、处理各种事情的需要，包括行政管理法规，国家制定的政策，工商管理、金融、税务、保险、人际关系及公共关系等方面的知识。与经营管理能力以及综合能力一样，创新创业知识是基础性的知识，而综合性知识和经营管理知识则是属于较高层面的知识，必须理解透彻并熟练运用这些知识，才能在创业过程中将资源合理配置，运筹帷幄。必须要综合使用多层面的知识，才能发挥出知识指导的最大作用。

创新创业人才必须要具备专业能力、职业能力、经营管理能力和综合能力。专业知识能够帮助一个人在某一特定行业中提升职业技能，而且这种专业技能在就业工作过程中的作用是不可替代的，发挥着关键的作用。为解决大学生就业难这一问题，可以从提高大学生的就业能力入手。较强的就业能力可以提升个人在创业活动中的自我存在和自我发展的能力，可以应对社会创业活动中存在的一些问题，还能为自己未来的发展提供一定的竞争筹码，赢得更多的创业和就业机会，从而缓解就业带来的巨大压力。大学生在创业的过程中，可以尽可能地将自己的职业发展方向与个人兴趣相结合，充分发挥自己的优势，这样才有更大的动力达到自己设定的目标，从而最大限度地实现自己的价值。

3.改革高校封闭式人才培养模式

高校封闭式人才培养管理模式的缺点比较明显,即缺少与外界的交流,缺乏对行业企业的深入了解,不了解用人单位到底需要怎样的人才,以及学生职业知识技能的实际需要,通常按固有的模式盲目地设计专业课程;在教学模式上,还是采用传统的老师在上教、学生在下学的"填鸭式"教学。这种完全脱离社会实际的培养人才模式和社会对拥有创新创业意识的新型人才的需求大相径庭,和新形势下新的办学模式极不相符。高校要实行"开放式"教学模式,改变以前的封闭状态。

所谓的"开放式"教学,就是让高校打开校门办学。首先,应坚持对外开放,与其他同行和社会各界加强沟通交流和合作,吸取众家之长,形成一种综合教育的合力,为培养新时代的创新创业型人才服务;其次,高校自身内部各院系之间、教职工之间、师生之间,也要加强沟通与交流合作,实现高校内部的开放。

在全球经济与科学技术以及教育竞争愈发激烈的时期,在我国社会主义市场经济体制变革和发展时期,我国高校要有市场观念,办学理念应和实际需求相符,放眼国际、放眼未来,理论联系实际,冲破守旧的壁垒,用开放的眼光实行"开放式"办学,为高校提高国际竞争力树立新的办学理念。

大学生对创业的理解还仅仅是一个模糊的概念。许多大学生在设计自己的创业计划书时,渴望通过一个美好的概念和新奇的观点就获得投资。这样的事情虽说有过先例,却非常稀少,不能够把它当作普遍现象来看待,甚至就目前的社会现实情况而言,这样的现象已经不复存在了。因为就投资人而言,现在他们看重的是创业计划的可执行性和技术含量的高低程度,以及将产品投放到市场上后会有多大的升值空间和发展潜力,而不是简单的创意。因此,面对这些问题,大学生需要制订一系列完整的实施计划和方案。

因此,各高校要构建以学生为主体的教学模式,改变传统的教师讲课、学生听课的传统模式，只有让学生参与到课堂中来，才能够让其有体验感和参与感，才能够调动学生的创新意识和创业能力。

(二)利用校内的多元渠道

构建以创新创业为核心的课程体系，目的是培养更多具有创新意识，能够自己创业，能够独立参与工作生活，以及能够将社交、管理处理得游刃有余的专业性人才。为了达到创新创业教育带来更多发展机会的目的，就要从多角度更加客观地去认识创新创业教育的意义，进而发挥其对社会的推动作用。对创新创业教育的构建必须要符合社会需求，符合国家教育国情才能够稳固。

创新创业教育有着四个核心内容：一是创业理论。在有着充足的理论基础的前提下再开展创业活动，能够加大成功的概率。要研究和分析整个创业活动，通过学习把握创业过程中的规律。二是创新意识。有创新意识才能创业，创新贯穿了整个创业过程的始终，也是创业的核心之处。三是创业精神。在创业过程中，困难和挫折是不可避免的，这就要求创业者要有坚定的信念和精神。只有拥有强大的心理素质，才能成功创业。四是创业技能。创业者在创业过程中要具备一定的实践能力，否则就是纸上谈兵，无法成功。上述四个内容构成了创新创业教育的基本框架，而且这四个要素相互联系，缺一不可。对有创业想法的人而言，如果能够接受相应的创新创业教育，对整个社会创业局面的发展就会有推动作用，可以避免一些不必要的失败，可以更加快速地踏上成功之路，也可以充分调动创业者的创业技巧。创新创业教育课程的改革必须要遵循理论同实践相结合的原则，要注重将各学科充分融合运用。从目前创新教育发展状况来看，到目前为止，中国的创新教育已经在高校中获得了一定的关注度。这种创新教育不是狭义的"小发明、小创造教育"，而是开发和保护学生的好奇心与创造意识，培养学生的创新精神和科学精神，为以后实现世界观、人生观、价值观奠定基础。

大学生是发展最快的可塑之才，如果能够锻造创新思维的话，整个国家青年的平均素质就会得到有效提升。社会上有人也曾讨论到:中国的青年缺乏创新意识,如果没有创新思维的教育,又从何谈起提高创新意识?

1. 加强产学研三方合作教育

创新创业课程是一项社会实践课程,它的性质就规定了这项课程的发展需要依靠一些外界的社会力量进行干预,仅仅通过高校自身的封闭教育是行不通的。要同社会上的优秀企业和事业单位合作,构建创新创业平台,这一实践方法的成效已经从国外的高校实践中有所体现。实现创新创业教育,要集生产、学习、科研于一体,不是简单地对学生进行知识的灌输,而且要给学生的实践提供机会和场所。高校将生产、学习、科研纳入课程范围内,是未来的教育走向,是社会对创新教育的需求,是创新创业教育改革的一大关键要素。具有独立创新的意识,是国家屹立于世界民族之林的重要原因,如果缺乏创新性,不管是团体还是国家都会停滞不前。大学生作为社会中最具有活力的群体,如果其本身缺乏创造欲望,对国家来讲就是极大的、不可挽回的损失,国家将失去发展的源泉和动力。因此,要提高学生的创新创业精神和创业能力,为国家的创新发展提供不竭的支持和动力。

在开展实践活动的同时,高校应当多邀请创业成功的企业家,或是学生的学长前辈到高校中给学生演讲,传授经验;也可聘请成功人士为校内教授,这样有助于学生和其开展更有效的沟通,使其能够更加及时和准确地为学生提供创业信息和学习指导;还可以将创业成功者熟悉的领域作为开发创新点,交给学生开发,这样既能调动学生的积极性,也能提升企业的创新活力,学生也能通过这种方法获取一定的利益,一举多得。这一活动既密切了学生和企业家之间的关系,也为步入社会的学生提供了一笔巨大的财富。

2. 深化创新创业教育教学改革

创业教育的改革除了体现在内容方面,还有对形式的改革。创业教育同传统的就业教育有所不同,高校在借鉴学习国外高校的创新教育经验的同时也要对学科开展教育创新。对创新创业教育的改革要进一步深化,要建立一个适合中国国情的创新创业教育。在开展教学实践的同时,不仅要建设行业和专业的课程,还要丰富创新创业教育的知识结构,拓展学生的知识面,让学生有自己的学习方法和知识框架,使学生可以根据自身的学习情况,选择自己需要的知识和课程。在打牢基础的前提下,也要借鉴和吸收国外高校的成功经验,让学生在创新创业教育中能够学习到一些真正有益的知识和内容。

国外高校的教学模式,是以短期讲学的方式上课,经常会邀请一些业界具有丰富实践经验的知名人士参与大学生的创新创业教育项目。这样的授课使学生学到了很多在课堂上学不到的知识,也为学校的创新创业教育提供了独有的思维模式,注入了新鲜的血液,对课堂内容的丰盛大有裨益。国外的高校创新创业教育在教学形式上,除传统的教授讲课外,更鼓励采用小组讨论、让学生进行角色扮演、典型案例分析以及开展一些商业游戏、邀请企业家开座谈会等方式来活跃课堂气氛,使学生可以更直观、更生动地学习到优秀企业家的创业精神、方法和过程。

除了课堂上的知识教育外,还需要开展课外实践活动,通过具体的创业案例来进行实践教学。可以定期举行就业创业大赛,或是邀请相关的专家开展访谈交流,通过比赛激发学生的创业热情,增进学生间的交流,为学校的教育注入色彩。同时也可以增加学生同专家面对面交流的机会,比如开展对话交流论坛、讲座等。

除此之外,学校还可以举办多种多样的创业实践活动。例如,把学校刊物的编辑工作交给学生来完成,让学生发挥自己的创意;将校内的大型活动交给学生设计与组织;开设学生社团,让学生提早适应组织机构,由学生自己管理和组织社团;开展法律实践和金融实践的模拟,探讨和交流科研等,让不同院系、不同专业的学生都参与到项目中,为学生未来进入社会创业实践积累更多的实践经验。高校要引导学生积极参与到策划中来,开发学生独立思考的能力和创新意识。

3.搭建创业实践平台

创新创业教育在某种程度上来说是对全面发展型人才的进一步提高和促进,是对培养这类人才思路的进一步拓展和延伸。创新创业教育是一种要用于实践的教育,所以单单是靠在课堂上传授学生创业理论知识和邀请成功企业家入校开展演讲教育是完全不够的,这些方法与手段并不能够完全激发学生的创业意识。从某种意义上讲,创新创业教育更重要的是让学生在实践当中有所体会、有所感悟,能够获得真正的行动与知识的体验。针对这一观点,学校在对学生进行创新创业教育的时候,应当注重尽可能多地给学生提供创业实践的支持,要充分发挥学校的知识和管理服务功能。要增强校企合作,给学生提供更多的实习与实践锻炼机会,可以同一些企业进行深度合作,同事业单位进行广泛合作,多多鼓励学生组建自己的创业团队,为学生创业提供一个更好的环境。同时,学校可以多组织创业竞赛活动,让更多的学生有更多的机会参与其中,从而增强学生的就业创业参与意识,进一步提高就业创业的发展速度,增强学生的创业能力。

(三)优化校外环境

只通过高校本身来贯彻落实创新创业教育是完全不够的,校外环境以及社会支持同样必不可少。尤其是政府部门,应当充分发挥领导作用,全面配合落实创新创业教育政策。对学校而言,校方应当在政府部门帮助下合理运用市场机制。对政府部门而言,其所发挥的作用在整个创新创业教育过程中是不可小觑的。首先,政府部门具有一定的管理权力,有权采取一定的措施来促进社会的和谐稳定发展,也可以对部分社会现象进行引导。其次,在公共权利的拥有问题上,政府部门具有绝对权。在实际生活中,政府部门都会在各大高校的众多方面有一定的干预,其中就包括大学生的就业问题,但这种干预并不一定都是有利因素。总体来说,政府与高校二者密切相关、相辅相成、相互促进,因而政府在落实高校创新创业教育相关政策时应当从四个方面入手。

1.落实与完善国家创新创业的政策

随着时代的发展与技术的不断进步,党和政府高度重视并提倡全民创业,将创新创业提升到国家战略的高度。为了响应国家的号召,各个地方的政府部门都出台了有关创新创业的政策并给予了相应的指导,更多的鼓励优惠政策也在不断推出。各级地方政府需要加强所提供服务工作的针对性,以切实提升大学生的创新创业能力,服务地方经济社会发展,主要包括三个方面。

第一,应当让更多大学生去了解出台的各种创新创业政策,通过免费咨询等方式为大学生答疑解惑。针对有想法的大学生,应当予以充足的肯定并为之提供创业帮助,如减免税收、无息贷款等。为了能够让更多大学生了解创新创业,还需要将整合好的内容装订成册,向大学生免费发放。

第二,仅让大学生了解政策还远远不够,更重要的是教会他们如何利用相关政策。针对这个问题,最好的解决办法就是举办宣讲会,主要围绕创业分析展开论述,为大学生提供更多的思路并使他们深入了解相关政策。

第三,要为大学生争取更多有关就业的优惠政策。政府与教育部门应当对大学生的就业问题进行干预,采取一定的方式方法来培养大学生的创新创业能力。例如,可以专门开设创新创业学科并将其纳入必修学分,倡导并鼓励大学生自主创业;如果大学生是以创业为目的的休学,学校可以为其保留学籍。除此之外,政府部门还需要不断优化市场竞争模式,力争为大学生打造良好的就业环境,同时也应当自我规范、自我约束,拒绝一切破坏社会良好创业氛围的行为。

2.建立政府与社会多元化的融资渠道

高校开展教育活动的经费大多源于政府部门,只有政府部门足够重视高校教育并加大资金投入,高校才能够获得更高的资金支持。政府部门不是无条件、无限度地为高校投入,在投入时也会更加侧重于自身创新能力以及科研能力较强的高校,但总体来说还是遵循公平公正的原则。对一些不能够很好适应市场经济发展、创新意识较差的高校,国家也普遍予以资金扶持和帮助,主要帮助其中的一些有梦想、有能力的大学生顺利开展自主创业。但只凭借国家号召是不行的,各级政府应当从思想上重视,用实际行动来对创新创业教育事业作出贡献,不断加大对高校的投资力度。同时也应该适当学习与借鉴他国经验,为大学生的创新创业设立相应的基金。现如今常见的三种融资渠道有社会募集、贷款、政府扶持。通过多年的不断摸索与经验积累,在筹集资金方面,有三种有效途径。

第一,通过担保的方式来获取贴息贷款的资格,担保人一般为学校、企业或政府。对大学生在创业初期资金不足的问题,申请贴息贷款可以减息让利,因而负担较轻,是大学生一个不错的选择。

第二,采用信用担保贷款。获得信用担保贷款的大学生一般在校表现优异。由于校方与企业具有合作关系,高校可以直接将品学兼优的大学生推荐给企业,同时学校的评选结果也就可以作为大学生信用良好的有利凭证,帮助其向银行提出信用担保贷款的申请。

第三,建设高新创新创业园区。这主要是面向有理想、想创业的大学生,为其提供相对优越的创业环境,同时,通常还专门在园区内设计有创新创业孵化器。甚至有的地方政策支持学生向政府提出园区转换申请,将高新技术开发区转变为适合大学生创业的创业园区,政府应适当降低门槛并且尽可能不收取额外费用。在资金问题上,政府部门应当予以更多帮助,如减免税收、免费办理相关手续等,充分肯定并鼓励大学生开展创新创业活动。

3.给予高校更多的办学自主权

纵观我国社会发展,政府部门在管理与调控高校建设发展的过程中,总是将人民的利益放在首位,贯彻落实以人为本的科学发展观。为了有效避免政府干预办学自主权以及管理与限制高校内部的现象发生,政府部门不能参与高校办学自主权的商议与管理,政府部门不宜在学术界行使行政方面的权力,而主要是对高校的发展起着宏观调控以及一定的推动作用。

总体来说,政府部门主要是完成思想引领、宏观调控、整体规划、资金支持、教育教学评价等任务,一般不干涉高校办学的自主性。高效率完成上述提到的任务,就可以推动高校办学自主权与国家所有权的有机结合。给予高校更多的办学自主权,才能使高校能够按照国家法律规定,合理合法地对学校教育与发展实施自主管理。这实际上对提升政府部门自身的治理能力而言也十分有利,其可以在法律规定的范围内监督与管理高校的活动,而不是简单地用行政手段干涉高校发展。不难看出,尽管高校发展具备高度的自主权,但与政府部门的职能还是密不可分的。高校若想真正实现办学自主权,具体来说就是招生办法权、费用制订权以及学校开设专业的自主权,实质上更多地需要从调整政府职能出发,实现高校依法办学。

4.完善政府服务体系

就当前形势而言,我国的政府服务体系与众多发达国家相比仍存在较大差距。为了更好地完善政府服务体系,各级政府应当从所涉及的各个环节入手。

(1)向广大社会发布创业信息

发布创业信息的渠道众多,可以借助报纸、网络、媒体报道等,为大学生提供最新的创业信息与发展趋势,政府部门也可以为大学生提供免费的创业咨询服务。

（2）建立相关的创业项目负责机制

也就是由行政管理部门接手，主要针对教师进行专业化的指导培训，还需要跟进项目并予以一定的指导。

（3）创建"大学生创业超市"

"大学生创业超市"只是很形象的比喻，具体是指将有关创业的信息整合好，供大学生选择并使用，主要目的是提供资料、资源共享。

（4）成立专门针对大学生的法律援助中心

创业过程中实际上会涉及众多法律问题，因此为大学生提供法律援助不可或缺，尤其是提供免费的法律咨询至关重要。

（5）完善大学生创业者就业创业联合会议制度

创新创业联合会议作为研究、分析与指导大学生创业的重要会议，每年由政府组织召开，主要是为了解决大学生遇到的创业难题。

（6）制定奖惩政策

政府部门拥有众多社会资源，应当合理运用手中的资源，为大学生谋求更多就业机会。除此之外，政府部门还需要不断完善大学生创业服务，充分利用社会中的优良资源，帮助大学生顺利创业。政府与高校是相辅相成、相互促进、相互影响的，因此如何处理二者关系成为关注的焦点。纵观教育事业的整体发展，不难看出二者所承担的义务不可互换，因此二者的工作应当适当融合。应当适当转变政府的职能，逐步提升高校办学自主权，避免出现政府部门对于学校教育教学包揽的现象。政府部门应结合国家发展和社会现实情况做好宏观调控与管理工作，真正使高等院校向和谐稳定、专业化方向迈进。

（四）提高大学生自身素质

创新创业能力的形成是相对漫长的过程，在这一过程中，需要不断地积累经验，再加上自身不断努力才能够有所提升。对高校而言，各大高校应当重视并加强对学生创意创业能力的培养。

1. 开展心理障碍辅导

一些外在条件看似是阻碍大学生前进的主要因素,但实际上,大多数学生遇到的都是心理问题,他们内心缺乏坚定的信念,而且对创新有潜在的恐惧,具体来说是缺乏自信心。若想让这一问题得以解决,学校有必要将心理疏导带入课堂,着重培养学生的自信心与自我认同感。当然,教师只能起到疏导的作用,关键还在于大学生自身的调节能力,自身要转变心态,日常里与同学或老师及时沟通,逐步培养自己的自信心。

在创新创业的组成成员中,大学生占据相当大的比例,无论是拼搏精神、思维能力,还是创新意识,都体现出当代大学生的非凡风采,也是大学生不断努力、超越自我的集中体现。

2. 培养自主学习能力

自主学习是与传统的被动接受学习相对的现代化学习方式,即学生通过独立分析、探索、实践以实现学习目标。自主学习能力主要有三大特点。

第一,自主性。自主性指的是个体生命不是在被强迫着去学习,而是知道学习的重要性,能够自觉且自愿地去学习。

第二,能动性。能动性是指个体能够自主并富有创造性地开展学习,不仅仅是单纯地被输入知识,而是自身不断吸收与消化,将其转化成为潜在的能量。

第三,创造性。人之所以需要不断学习,就是为了能够学习新思维、新方法、新知识,顺应时代的发展,紧跟时代步伐,从而满足社会和个人发展的需要,进而立足于社会之中。在知识不断更新的时代中,大学生必须掌握自主学习能力,在日常的学习与生活中,不断激发自身的创造力,真正做到热爱学习、热爱生活。通过不断地学习以掌握方方面面的知识,不断提升自我、完善自我且培养自身的创新意识。

总体来说,具有自主学习能力且能够创造性地学习是对当代大学生提出的基本要求。不仅对个人,对组织也是一样。具有自主学习能力以及创新能力的组织必然会取得成功。之所以会取得成功,是因为组织也需要顺应时代的发展,因而学习不可停歇,而且要求能够在短时间内高效学习,才能获取最新知识。优秀的组织必然是学习型的组织,只有这样,成员才能不断进步,进而充分调动大家的积极性。组织只有不断向前,才能够掌握新技术、新本领,才能够更好地推动成员的创新,最终取得成功。

3. 积极参加校内创业活动

对大学生而言,高校的校园文化生活丰富多彩,留给自己支配的时间很多,因此大学生应当积极参加校内创业活动。校内创业不仅为校园文化增添了亮丽的色彩,还为大学生提供了良好的平台,增添了宝贵的财富。在创业过程中,最核心的则是创业精神,与同学、老师共同努力,不断突破与取得成绩的过程必然会令人终生难忘,在创业过程中形成的锲而不舍、不畏艰难、敢闯敢拼的创业精神更会让大学生终身受益。积极参加校内创业活动,在锻炼自我的同时还能实现人生的价值,获得自我认同感,培养自身的创新创业意识,这种培养创新能力的"第二课堂"可以让大学生不断丰富与完善自我,不断获取快乐。除了基于"第一课堂"的理论学习,"第二课堂"为大学生提供了展示自我的平台,他们可以大胆提出想法并递交计划申请,出色的计划还可以用于参加创新创业比赛,可以为学校社团组织贡献自己的一份力量,体现自身的价值。

4. 积极投身社会创业实践活动

实践是检验真理的唯一标准,大学生创新创业也一样,创新创业能力的培养离不开创业实践活动。只有积极投身于社会创业实践活动中,大学生才能更好地了解、认识社会,进而更好地适应社会;只有走出校园,不断锻炼自我,大学生才能通过创新实践来不断提升自身的创新创业能力。创业不能只停留于创意,更重要的是实践。对此,国家十分重视大学生创业,也予以一定的相关政策扶持。作为当代理想青年,大学生应当肩负时代重任,应学会合理规划时间,充分利用课外时间开展创业实践,既可以通过市场调研、创业分析、社会需求调查等方式展开,也可以去相关的创业部门工作,深入了解创新创业的来龙去脉,在体验生活的同时还能增长见识。高校在培养学生创新创业能力时,应当引导,鼓励学生积极参加创业实践活动,让更多大学生接触创业,在实践的过程中不断进步发展。只有学以致用,理论联系实践,才能够紧跟时代步伐,适应社会的发展。

第二节　新时代高校协同创新创业教育的管理决策机制

高校创新创业教育是教育类型中一种崭新的模式,它正处于不断地发展与完善中,涉及的许多方面都还不成熟完备,因此在其实施过程中,需要根据实际情况来做出相应的调整。高校创新创业教育在运行过程中,会比成熟的教育内容面临更多的挑战与机遇。为了保证能始终实现实效育人的目标,且在其运行过程中始终贯穿这一目标,有必要建立健全高效的创新创业管理决策机制。这一机制也是高校创新创业教育可以不断发展运行的关键性内容与核心因素。

一、管理决策主体的关系

高校创新创业教育管理决策机制是由两个主体部分构成的。第一个主体是高校创新创业教育工作领导机构,大都由高校的行政管理层人员组成;第二个主体是创新创业教育专家委员会,成员大部分是创新创业教育研究者或是教育专家。如果想要高效、有力地执行管理决策机制,在其构建时就要重点关注高校创新创业教育管理决策机制中一些主体的定位以及决策权力的分配。

高校创新创业教育管理决策机制的两个主体是分工明确、各不相同且相对独立的。其中,创新创业教育工作领导机构是对创新创业教育的整体把控,相当于首脑的作用。它负责整体规划,全面把控创新创业教育的创业物资、投资经费以及其发展与未来。领导机构的主要职责是对资源整合与分配、经费的投入占比、市场的预期与调研和创新创业教育的整体发展规划进行决策。专家委员会是创新创业教育的具体事务管理者,专门负责教学内容、方法和教学老师的培训等。总的来说,创新创业教育工作的领导机构重点关注的是未来发展与资源分配等宏观范畴的问题,而专家委员会的重点在于理论研究、活动开展、相关培训等微观范畴的问题。

高校创新创业教育工作领导机构和创新创业教育专家委员会二者虽然相互独立,分工也各有侧重,但是两者间也有非常紧密的联系。领导机构整体调控,为专家委员会提供和确定发展方向,为其开展提供政策支持;而专家委员会可以根据教学培训的实际情况为领导机构提供策略建议。同时,领导机构可以通过对高校创新创业教育的整体规划,以有效提高专家委员会的工作成效;而专家委员会则会通过调整研究方向、转变领导机构的管理思路,以提高高校创新创业教育的实现程度。因此,想要使高校创新创业教育工作更加合理、专业、高效,就需要高校创新创业教育工作领导机构与专家委员会协同配合。专家委员会需要为工作领导机构提供科学的建议与理论支持,而专家委员会的发展方向也需要领导机构的正确决策和机制来保障。

高校创新创业教育决策过程包含两个方面:一是党委行政决策,二是学术教学决策。建立高校创新创业教育管理决策机制,需要明确两个方面所涉及的范围、程度、对象,明晰其在决策机制中的作用。首先要保证领导机构能够掌握全局,在整体规划中正确决策,正确明晰未来发展方向;同时也要确保专家委员会在培训教学等事务中可以达到最佳的效果,并将结果反馈给领导机构。在决策过程中,两个主体需要合理分工,共同推进高校创新创业教育的发展。

二、管理决策机制的运行

高校创新创业教育管理机制需要有规范的运行程序以确保工作的有序、高效进行。而领导机构与专家委员会作为高校创新创业教育管理决策机制的两个重要主体,在管理决策的运行过程中起着主要决定作用。

在高校创新创业教育的管理决策运行过程中,领导机构应是具有逻辑性与条理性的。首先,领导机构一般会根据教育培养目标,分析现有的资源分配等问题,明确其完善与发展的途径。其次,领导机构会提供多种决策方案,经过分析比对,确定最终实施方案,而且推动方案的实施。在确定决策方案的过程中,领导机构需要根据专家委员会反馈的具体运行结果整体评估决策方案,确定是否继续采用该决策方案。如果该方案存在缺陷,领导机构将调整与改进。在专家委员会的管理决策运行过程中,领导机构主要是总体把握决策方向,而且将学校党政对高校创新创业教育的整体规划精神通过培训教学管理来落到实处,贯彻到位。

总的来说,加强高校创新创业教育工作领导的管理决策,可以在宏观上确保其内容和发展方向,符合学生德智体美劳全面发展的需要,也可以适应学校总体规划发展的方向,符合国家社会的经济社会发展需求。而加强专家委员会管理决策,是在微观层面上形成合理的培训教学方法,从而确保高校创新创业教育的科学发展和高效运行。

三、管理决策机制的原则

要想更好地发展创新创业教育,科学、高效地实施推广高校创新创业教育,就必须构建高校创新创业教育的管理决策机制。因为创新创业教育的实施与教育发展有若干相似的目标,因此两者之间必然有着某种内在价值联系。构建高校创新创业教育必须遵守教育的价值规律与原则。

高校创新创业教育的宏观目标是结合国家政治、经济、文化,联系新时代中国特色社会主义教育的实际情况与高校学生全面发展的需要,通过学校教育的层面帮助学生了解创业,培养学生的创业意识与创业能力,让学生获得正确的目标导向与价值观。这种教育可以更好地培养学生,更好地服务于中国特色社会主义教育事业的发展。从微观层面看,高校创新创业的目标是树立正确的创新创业价值观念,提高大学生的创业能力以及创业实践水平。因此,高校创新创业教育管理决策的价值内涵应紧紧围绕宏观与微观相结合的理论体系,构建良好的创新创业教育。构建高校创新创业教育管理决策机制,应遵守四点原则。

(一)把握中国特色社会主义的发展方向

高校创新创业教育的目的是培养优秀的创业者,使其服务于中国特色社会主义事业。因此,创新创业教育的决策方向一定要是正确的,一定要是和党和国家的建设发展需要相契合的。在创新创业培训过程中,要使学生树立更好地为中国特色社会主义事业发展作贡献的精神理念。

(二)明确面向广泛学生群体的发展思路

创新创业教育应适应各个领域、各个专业、各种背景的学生的需要。通过创新创业教育,应使他们认识到自己的能力是有价值的,能力的提升对社会来说是更有价值的。创新创业教育应面向广泛的学生群体,开展普遍性教育,为其树立良好的创新创业意识,提升其创新创业能力。

(三)遵循面向社会的实际导向

我国正处于经济转型发展阶段,经济社会转型升级与发展需求要求创新创业教育也要与之相适应,需要调整,这说明创新创业行业需要以更高的标准来适应社会的转型。高校创新创业教育管理在决策过程中要注意将理论与实际相结合,不能将二者割裂开来。需要将更多资源投入实践性的教学任务和科研环节中,使学生能够做到知行合一,并推动社会转型升级,顺应时代发展的要求。

(四)坚定全面发展的育人目标

人的自由全面发展是马克思主义的最高命题与根本价值,同时也是中国高等教育的终极目标。创新创业教育具有较强的综合性,因此可以从价值理念以及科学管理等层面培养和锻炼学生的综合能力。坚定人才全面发展,并将其作为高校创新创业教育管理决策的核心目标,才能实现全面发展的育人目标与高校创新创业的高效发展。

对上述高校创新创业教育管理决策机制应当遵循的基本原则,我们应深刻地分析与理解,将其扩展提升为高校创新创业教育应遵循的基本原则。创新创业教育与以往的教育内容和模式区别在于,前者是将创新创业理念融入创新创业教学和人才培养的全过程。高校开展创新创业教育也应当遵循四个原则。

第一,"全面教育"与"个别教育"相结合的原则。"全面教育"是对创新创业培训者整体的提升,它培养大学生的创新创业意识与创业能力,拔高创新创业培训者的综合素质,完善其对创新创业知识的漏洞,为创新创业学生打造一个完整的知识体系结构与性格品质。"个别教育"是指对少数拥有创新创业潜能的大学生开展的单独辅导与特殊教育,从而培养出优秀的创新创业人才。

第二,"全程性"与"分层性"相结合的原则。创新创业教育要想可持续健康发展,必须具备开放性与延续性的特点,这也是终身教育体系的重要构成因素。全程性体现在大学创新创业教育阶段的开放性与延续性。高校需要将创新创业教育的目标与其专业教学体系相结合,更好地培养出素质全面的创新创业人才。高校的创新创业教育在不同的时期应当具有不同的侧重点。在刚进入大学的时期,以提高认知为主,先让学生充分了解什么是创新创业,所以这一时期应该重点培养创业者的创业意识,令其掌握相关的基础知识。在学生具有创新创业意识后,就应当有针对性地开展技能培训教学,且在创业实践过程中不断提高学生的意志力,培养创业能力与综合素质。对即将毕业的高校学生,应当重视教育延续性的特点,注重将创新创业与专业发展以及未来工作实践相结合,关注大学生个人的成长需求,实施针对性较强的有重点的创新创业人才培养。想要达到更好地发展创新创业教育这一目标,就需要将高校的创新创业教育落到实处,发挥其最大的作用。

第三,"理论"与"实践"相结合的原则。高校在开展创新创业人才培养计划时,要重点关注将理论与实际相结合。只有将理论与实际相结合,才能培养出现代社会需要的创新创业高素质人才。因此,高校在培养创新创业人才的过程中,不仅需要加强理论课程的教学培养工作,增强学生的创新创业意识,提升学生的创新创业能力,还需要根据创业者的自身特点指导学生开展实践,同时积极号召学生参加有关的创新创业活动,以提升其创新创业能力,做到理论与实际相结合。

第四,"开放"与"协同"相结合的原则。高校受到教育资源分配与资源有限等问题的影响,如果想要获取有利于培养创新创业教育人才的优质资源,就应该坚持开放办学且与各部门创立共同创新体制机制,还应该为了培养创新创业人才,专门建立创业协同机制,将各部门的职能步调统一,从而更加高效地促进创新创业教育的长久发展。

四、管理决策机制的对策

从长远的角度来看,转变传统创业教育观念,树立创新创业教育课程理念是十分必要的。首先,高校的领导者必须了解创新创业的内涵,明确创新创业是以完成素质教育的要求为核心的,其目的是为受教育者创造更好的教育条件。同时，还要意识到除了普通型人才的培养外，高校还肩负着为国家培养创新型尖端人才的任务。其次，要清晰地认识完成创新创业目标的途径，意识到要以前瞻性的思维设定理念，并通过培养创新思维能力来实现目标。因此，各高校应以现实为立足点，明确创新创业教育的课程理念，以可持续发展的长远眼光来指导创新创业教育工作实践。

（一）加强创新创业学科建设，明确创新驱动发展要求

在创新创业教育协同机制中，高校处在培养大学生创新创业教育的最主要位置，应发挥出科研、人才、资金等方面的优势，体现创新创业教育主力军的重要功能。除此之外，社会总体发展战略对高校创新创业教育培养也有新的要求，因此，高校应明确自己的地位及任务，在实践工作中积极探索，寻找最佳方式与路径。合理的创新创业教育工作对我国经济发展起着正向作用，由此可见，建立并完善创新创业协同机制，规范大学生创新创业教育势在必行。

大学生人才是高校创新创业教育的重要主体，在人才培养方面，高校应从四个方面着手：①制订规划，使人才培养工作有据可依，科学、完整的规划为创新创业教育实践工作的开展提供了保障。②转变观念，在传统观念的基础上，融入创新创业教育理念，并将这一理念运用到实践工作中，做到理论与实践相结合，不断优化调整，寻求最佳方式。③整合资源，重视各方资源，如政府的政策保障体系、企业的资金支持等，在此基础上不断推进教学与科研改革，完善教育规划，通过资源的合理配置达到激发大学生创新创业潜能与动力的目的。应特别注意的是，在资源整合过程中，一方面要激发学生参与创新创业教育工作的热情，另一方面还应完善教学系统，设立有效的师生双向选择制度，帮助创业者和项目之间实现最优匹配，以发挥出最大的潜力。④提升教学水平。高校应深入研究创新创业教育理论，积极探索实践内容，要通过设立多层次的创新创业教学内容充实课

程体系,积极调动学校师生的积极性,提高其在创新创业实践活动中的参与度,同时,还可以根据各校具体情况引进更先进的教学资源和师资力量,使本校的创新创业教育水平得到本质性提升。

(二)设计多样化创新创业课程,开展循序渐进式教育模式

设计合理、丰富、多样化的课程,应注意以下几点:①要将创新创业教育与专业教育相结合,对不同专业的学生给予针对性的指导,帮助学生在专业学习中树立创新意识,提升创新创业教育的实效性。②要丰富课程形式,在传统课本的基础上,增加政策性资料和文件,根据高校自身的实际情况,灵活地编写精编教材,为学生提供更加丰富的资源。③集中时间安排实践操作,弥补教学课时的不足,帮助学生拓宽知识渠道,最大限度地获取相关的教育资源。④要保障课程教材的实践操作性,便于师资人员参考教材,做合理的实验准备和人员安排。此外,还可以通过拍摄视频、制作幻灯片等新媒体课程资源建设,将实践中的操作技巧呈现给更多的学生,突破教学时间与空间的壁垒,大大提升教学效率。同时,还可以将这些多媒体资源上传到互联网,方便学生随时预习和复习,使学习时间与学习资源的利用实现最大化。

(三)丰富课外创业活动,鼓励学生社团开展活动

在创新创业活动中,学生社团具有得天独厚的便利条件,其自由化的活动方式、多样化的活动内容和以兴趣为导向的活动理念能够将有相同活动意愿的学生聚集在一起,营造良好的交流氛围,激发出学生创新创业的灵感与动力。

(四)构建专业的师资队伍,实现多样化的教学方案

一方面,学校要以本校师资力量为基础,为本校师资团队提供资金支持,帮助教师走出校门,接受更多的培训,吸收更多成功经验,学习更先进的教学方法;另一方面,学校还可以引进校外的师资力量,

直接改善本校教学水平的现状。除了建设师资力量外，高校还要在课程建设上下功夫，坚持创新，设计出符合学生兴趣、教学方式灵活、能满足学生实践要求的优质课程，实现本校教育教学的综合提升。

（五）充分利用校外资源

高校具有开放性的特点，所以可以在培养创新创业人才方面采取校企结合办学的方式，充分发挥外力作用，为学生创造出更多创新创业的实践机会，以达到提升学生创新创业综合能力与素质的目标。

（六）完善师资队伍激励机制

教师是高校教育工作的实践者，教师能否充分发挥其作用直接关系着高校整体教育水平的高低。因此，高校应表彰优秀的教师，满足教师对精神荣誉的追求，激发教师的教育积极性；对不同的教师，特别是对将价值需求放在优先位置的教师，高校应通过设立荣誉职位等方式满足其对人生价值、学生与领导认可以及社会尊重的更高追求。此外，高校应以德才兼备为标准建设师资队伍，建立、完善激励制度鼓励教师充满热情地投入创新创业教育事业中去。

（七）规范创新创业教育主体活动，建立有效的督导机制

督导机制是高校教育教学活动健康开展的重要保障。高校的地位及人才培养任务决定了高校教育工作必须遵守国家法律，符合国家教育发展方针，满足社会发展和受教育者的个人成长需要，要尊重教育规律，科学、有序开展。督导机制的建立，特别是其"督教""督学"功能的发挥，能够确保教师工作的规范性，也能端正学生的良好风气。同时，对教育管理的执行者也能起到监督的作用。由此可见，有效的督导机制能够在保证社会主义办学方向的基础上，使高校形成民主、自由的良好氛围，同时使每一个师生都能够树立主体意识，共同参与到优质高校的建设中去。

第三节　新时代高校协同创新创业教育的激励与调控机制

一、高校协同创新创业教育的激励动力机制

在我国,推动高校创新创业发展多依靠政府驱动,同时,在教学设置与校企联合办学中企业的内在需求方面,市场也起着十分重要的作用。因此,高校的创新创业工作在政府驱动的同时,也要参考市场的导向。

高校在创新创业教育体系中处于十分重要的位置,发挥着教学科研、人才培养的重要作用。高校不仅将科学知识传授给学生,还要培养学生的修养与品质,帮助学生树立责任意识,全方位承担起德育的重要责任。同时,高校能够帮助学生培养发现问题、分析问题、解决问题的能力,提升学生在创新创业方面的综合素质。由此可见,对高校而言,其创新创业教育的动力是内生与外生的结合。因此,可以说高校创新创业教育激励动力机制是一种互动机理,它推动着高校创新创业教育良性运行与实施推广的各内外要素间相互联系与作用的协调发展。

从宏观角度来说,全面育人理念是高校内生动力的来源,而高校的外生动力则来自政府,政府可以整合丰富的政治经济资源,合理地分配到高校创新创业领域,帮助高校展开理论与实践的科研工作。从微观角度来说,以内生动力而言,高校教师参与创新创业领域的教育教学工作,一方面是其职业发展的必经道路,另一方面也是个人理想的追求体现;而高校学生参与创新创业教育一方面是对未来职业发展的合理规划,另一方面也是自身全面发展的要求之一。以外生动力而言,政府作为我国高等教育最重要的外部推动力,能够为高校提供极其丰富的资源,社会则能够从荣誉感与成就感方面起到积极

的推动作用。内生与外生动力各自起到的作用不同,二者之间具有互相支持、互相作用的紧密关系,共同决定着高校创新创业教育发展的价值与未来。

(一)激励动力机制的运作

站在宏观角度上看,政府与社会机构同时作用于高校创新创业教育领域。对政府而言,社会和经济的持续发展导致对改革的需求迫在眉睫,因此,在深化改革的大背景下,政府对创新创业活动需求不断增大,对创新创业教育科研与人才培养要求不断提升,使得政府会推出一系列有力政策引导高校发展创新创业教育,同时也会提供一定的资源予以支持。对社会来说,我国是发展中国家,发展空间广阔,创业机会众多,社会机构在这一高速发展阶段会具有更多的创业意愿,以此实现社会责任与自身利益,因而对人才的渴望十分强烈,这就促成了社会机构与高校之间的合作关系。这种合作一方面可以使社会机构有更便利的条件引进人才;另一方面可以推动高校创新创业教育教学实践工作的开展,使高校能够通过社会机构的人才需求调整育人方向与专业设置。

创新创业教育是高校在传授专业知识之外独立存在的一种功能,它的核心是培养学生全面自由地发展。目前,在高校的创新创业教育领域中,全面发展的教育理念已经得到广泛认同。高校通过对学生开展价值观、控制力、人际关系等方面的教育,提升学生的综合素质,为我国社会主义接班人的培养打下坚实基础,也从内生角度推动高校创新创业教育的实施发展。

站在微观角度上看,作为高校创新创业教育领域的两大主体,教师和学生参与创新创业教育的内生及外生动力对高校创新创业教育激励动力体制的研究有着十分关键的作用。从教师的角度看,他们是创新创业活动的知识传授者与实践引导者,其对创新创业教育工作的热情与兴趣,以及对教育目标的认同都促进着创新创业教育及研究工作的发展。而高校对教师工作的合理安排、对教师工作表现的激励等,都能够提高教师积极性。此外,和谐的文化氛围也会对高校教师的心理产生一定的影响,在一定程度上帮助创新创业教育工作健康开展。从学生的角度看,他们是创新创业的受教育者,其爱好与兴趣,以及周围环境的积极影响能够提升他们对创新创业教育课程的认同感与学习热情。而高校则可以通过合理安排课程与学分等实施激励举措,提高学生在创新创业活动中的参与度。教师与学生作为创新创业教育活动中的两个主体,二者之间具有相互支持的关系:一方面,学生的创新创业需求推动着教师的教学研究工作,另一方面,教师的科研工作对学生参与创新创业教育课程有所影响,两个主体之间和谐有序的关系共同促进了高校创新创业教育的良性运行。

在高校创新创业教育中,激励机制的作用不容忽视,它激发了教师创新科研的积极性,也鼓励着学生参与创新创业活动的热情。对此,高校可以将创新创业教学的实践指导考核指标划入绩效考评之中,且与教师的职务晋升及职称评定相关联,同时,高校也应奖励教师取得的具体成果,更大地提升教师的工作热情。除了对教师的激励外,高校还要注重对学生的激励,可通过改革学籍、学分管理制度,为学生创造更加自由自主的创业环境,使学生拥有较大的弹性时间与空间,从而合理安排学习与创新创业活动。同时,高校应为学生创造自主发展的机会,鼓励学生发挥主观能动性,参与创新创业教育竞赛,同时奖励那些在创新创业竞赛中获奖的学生。

从考试的角度来看,高校要创新考核方式,以替代无法满足创新创业教育的传统笔试的考核方式。传统考试方式能够考查学生的记忆辨析能力,却无法考查学生的创新意识与综合能力。因此,高校必须建立新的考核机制,以素质为导向,以学生的创新创业参与度及贡献度为评定内容,以综合答辩方式为考核方法,且将创新创业项目的阶段性成果作为标准,充分考查学生在创新创业方面的综合素质,体现出创新创业项目的独特目标。

　　设置创新创业教育基金也是一项行之有效的举措。通过教育基金，可以完善激励机制，及时奖励表现突出的学生，提升其积极性。同时，还可以尝试将学生参与的课题研究、科研项目实验及创新创业项目等成果转化为相应学分。

　　在创新创业教育中，高校要与学生协同合作：一方面高校要统一领导，保证全员参与；另一方面要推进教育改革，成立工作小组，由校长亲自挂帅。高校应呼吁全校师生积极参与，号召师生以较大的热情投入创新创业项目中，而且加强各主体间的沟通交流，畅通信息通道。另外，在严峻的就业形势下，高校要响应政府号召，增加创新创业竞赛的频率，增大规模，鼓励学生积极参与，邀请知名企业家进入校园，分享成功的创业经验。高校要坚决保持与国家政策导向的一致性，严格遵循人才需求目标，为社会培养出高质量的应用技术型人才。

　　激励动力机制中包括政策激励的协同，它注重政策的可操作性及政策间的关联作用。近年来，政府出台了许多关于高校创新创业教育的政策性文件，可因为种种原因，如可操作性不足及执行能力缺失等，相关政策最终没有得到较好的落实。由此可见，各方积极协调配合，共同在政策方面予以支持，才是高校创新创业发展的必要条件。各级政府相关部门应建立多部门间协同合作的机制，以现有政策为基础，总结优化，为创新创业教育提供政策保障。此外，高校也应出台相应的协同政策，从自身做起，通过加强创新创业师资队伍的建设，组织学生积极参与竞赛，鼓励师生协同创业等方法，整合校内外资源，为创新创业教育工作的开展提供有力的支持。

　　创新创业政策对高校毕业生的创业工作而言十分重要，它具有激励、引导、保障等重要功能。政策激励的协同从空间上看是不同主体之间的协同，从时间上看是政策先后的协同，时间与空间的协同共同作用，可以充分实现政策的功能。另外，政府在制订政策时，应充分考虑高校毕业生的特殊性，重视毕业生与其他社会群体间的差异，为毕业生提供有针对性的指导。

在激励机制的作用下,企业可利用技术、资金、渠道优势,同时根据自身需要参与到高校的创新创业活动项目中去。企业可参与规划与制订高校的人才方案,与高校达成意向合作,扩大就业机会;也可以在高校内为学生举办分享交流会,为毕业或即将毕业的大学生提供必要的宣传和引导。在企业自身条件允许的情况下,还可以为创业的学生提供实践机会,帮助学生积累更多的经验,为其创业发展打下坚实的基础,提供更多的支持。

(二)激励动力机制的原则

从高校的创新创业教育发展方面来看,其动力是来自多方面的,既受师生、学校的影响,也会受到政府的一定影响。因此,我们在建构激励动力机制时,一定要以一定的原则为基准,在保证管理及决策的各方目标统一、能够互相配合的前提下,努力发挥出高校创新创业教育的真实力量。从其内涵和要素特点来看,在建立高校创新创业激励机制时,主要应当遵循两个原则。

1. 维护各方动力的动态平衡原则

所谓的维护各方动力的动态平衡,主要包括两方面:其一,保证各方相互适应,要让各方互相配合,共同推动创新创业教育,且程度上也要尽量保持一致;其二,其目标和发展方向要保持一致。之所以要重点关注这两方面,是因为在高校推动创新创业教育时,不同主体的推进动力不同,从寻求最优的角度来讲,不是动力越强,效果就会越好。从宏观来说,如果高校对创新创业教育推进的动力比政府要小,高校创新创业在社会经济发展方面发挥的作用就会被外界放大,政府和社会也会对此特别关注且强调,这样高校就会迫于行政压力和一些资源渠道的原因而不得不调整原来的教育计划,这对教育发展自身来说是不利的,而且对其他的教学课程的进展也会产生一定的影响;相反,如果高校的动力比政府方面更大,高校创新创业在经济方面能够发挥的作用就会被外界过分低估,政府和社会也就不会在意高校的创新创业教育发展,这样就会导致一些资源的配置跟不上课程的需要。

从微观来看,之所以会有动力失衡的情况出现,就是因为师生内外动力的发展不相匹配,在实施创新创业教育时就会产生阻碍,不能顺利推进。通过第二层面的研究,我们可以发现,如果各方对最终的发展方向和目标的追求不同,哪怕动力强弱彼此合适也是没用的,在开展创新创业教育时仍旧不会顺利。从宏观角度看待这个问题会发现,在开展创新创业教学时,高校对理论性的教学内容会投入更多,而政府和社会机构则更加关注其实践情况,这就导致双方的目标和方向不同,进而造成实际资源配置的不合理、不平衡,最终导致达不到原本预期的高素质人才培养目标。

站在微观的角度来看,如果高校能够更加重视提升教学质量和水平的话,教师就会想方设法提高自己的实际理论、教学科研水平。在这种情况下,针对什么样的资源与教师相匹配的问题,学校就会制订一套考核评价准则。如果在理论规划方面,教师和学校的目标不一致,创新创业教育相关理论研究的水平和教育质量水平就不能保证,效果可能会大打折扣。与之类似,如果在创新创业教育方面,高校更关注如何激发理念认同,就会导致学生在提升自己的综合素质和创新创业能力方面花费更多精力,而学生就会觉得,学校此前在教育方面开展的一些课程规划和训练规划并不能与自己的实际需求相匹配,从而进一步导致教学资源配置失衡,影响创新创业教育的最终效果。总之,要想保证在创新创业教育的过程中各方的动力能够保持动态平衡,就要走科学发展道路,按照高校创新创业教育的发展规律做相关设置。不管是从微观出发还是从宏观出发,即使出发点、关注重点等方面各有不同,高校、师生和政府也应该互相适应、配合,最终形成一种良性协调关系。在推动创新创业教育的发展方面,只要能够确保各方的力量和方向目标始终朝向一致,就能最终达到理想的动态平衡。要想让高校的创新创业教育顺利运行,各方的努力和配合都很重要。要积极协调各方实行动力培育转化,因为精心的培育和转化对各方动力的发展来说都是十分重要的。

站在宏观的角度,虽然可以使用很多方法全面发展、培训学生,但如果希望将政府的转型升级当作导向动力,并将其与高校的创新创业教育发展充分结合,政策引导以及对资源的合理配置就十分重要。从微观角度出发,提升学生综合素质和开发学生能力的方法多种多样,如果希望把高校推进创新创业教育的动力最终转化成学生自己的动力,就需要有一个合适的且同时具有显性和隐性的载体,通过这种特定载体的开发培育最终达到动力转化的目的。从创新创业教育的实际情况出发:关于隐性的载体,既可以包括对积极参与学校内组织的创新创业文化活动的学生的鼓励、支持,也包括大众方面对开展创新创业活动的尊重和认同;而显性的动力载体则更加多样,如高校制订的奖惩相关规定、政府推出的一些鼓励政策,还有社会机构针对此项内容提供的一些物质及经费支持等都是显性动力载体。只有做到让各方的动力和不同层面的主体在创新创业教育过程中都能积极主动参与到实际工作,同时合理地引导来自不同层次主体的动力,并加以推动和进一步强化,才能推动高校创新创业教育的实施,并使其达到理想状态。

2.防止各方动力的异化发展原则

一旦在高校创新创业教育的推动中方向出现偏差或者力度把控不够稳定,或者说对动力的调控不够准确,就很容易发生异化现象。教育变得应试化、工具化就是动力异化的主要表现。在创新创业教育的推进过程中,政府和社会机构会忽略掉教育本身的规律,而过分关注短期成果,认为这是社会转型升级、提供创业机会的工具,这种现象就是典型的教育工具化。因为这种错误的引导,高校在开展教育培养时就会忽略关于创新理念方面的教育推进,而只重点关注学生在理论方面的学习成绩,这也与全面自由的育人观念相违背。与工具化不同,通过考试这种十分传统的考核方式有限评估学生创新创业活动的结果,则是应试化的典型表现。这样做不能对学生的综合素质和创业认知开展清晰且正确的评估,在一定程度上还会打击学生的热情和积极性。因此,在坚持创新创业教育目标的同时,高校一定要把全面育人的理念贯穿始终,构建起具有特色的课程理论教学方式和科研方式,同时与各方的建议有效结合,及时沟通交流,深刻地认识和总结创新创业教育的本质特点和发展规律,以便制订更加合适的培养方案。

(三)激励动力机制的策略

要想高校的创新创业教育协同机制能够顺利运行,达到理想效果,作为决策的主体方,应该科学合理规划管理方式和方向,明确自身及其他主体方的工作任务。通过上述内容,可以保证所有参与其中的主体方在思想意识和发展的目标方向上保持高度的统一,通力合作,以整体的利益最大化为自己的出发点,进而发挥出各方最大的能力。与此同时,在工作流程和工作行为方面,也要制订好相应的规范,各方在开展工作时要严格以规章准则的要求为标准,高效率地完成自己的工作。同时,奖励机制的制订也是很重要的。在制订奖励相关机制时,要把协作参与和信息的透明共享行为当作主要的标准,这样才能在各方做项目决策时有更好的协调,加强彼此之间的交流沟通和了解,同时也能培养出合作者之间的默契,保证机制能够按照公平、公正、公开的原则运行。除此之外,奖励机制对增强各方的竞争协同意识也起着一定的促进作用,这也对高校的创新创业教育机制整体协同工作效率的提高有良好的促进作用。

要想提升高校的创新创业教育协同作用,最关键的一点就是要完善利益分配制度。完善利益分配和实施的机制,可以提升企业、行业单位在高校创新创业教育方面的参与度,激励其更加积极地投入其中。第一,应当在高校中建立专项资金,专门用于提升、完善高校的教学设施及其他条件,以及作为对校企协调培养机制的支持;第二,要对参与协同培养的企业和导师有一定的激励补偿,这样能够让企业和导师更加乐于参与其中,同时可以提高其对高校创新创业教育协同培养的积极性和兴趣度;第三,要改革优化指导教师的考评标准,新的校企合作教育指导教师考评机制应当能够科学有效地评价教师的工作量和教学质量,同时,也要改革晋升机制,使其更加高效,这样才能让指导教师更加重视对学生能力的培养;第四,在利益分配时,要明确各主体的责任,也要建立起相应的责任追究机制,这样才能让高校和企业在创新创业教育的协同发展中更好地合作。

只有政府、企业、高校互相配合、共同努力,才能保证高校的创新创业教育激励动力机制一直高效运行。只有国家和政府在政策、资金等各方面都有全方位的支持与扶持,才能为创业营造出良好的环境。

1.完善高校创新创业教育激励动力机制途径

在高校的创新创业教育协同机制中,政府应当起主导作用,要想完善目前高校的创新创业教育激励动力机制,可以从五个方面入手。

(1)在国家层面,应当制定推出保障高校创新创业协同运行的新的政策规定

在政策资源的掌握以及计划的制订方面,政府起着主导作用,因此,政府应当积极引导将要参与创新创业教育的企业和高校。政府作为主导方,要带头制订推出多维度、多方位协同的针对创新创业教育模式的相关激励制度。而在整个多维协同的创新创业教育机制的实际运转过程中,政府只是制度创新的主体,高校才是路径创新的主体,创新制度能够对创新路径起到一定的推动促进作用。作为能调配资源的一方,政府应该制订出更多的激励政策,为学生创业提供一定的资金保障,减少创业风险,以此推动学生创新创业。比如说,政府可以推动制订多维协同的育人制度,加快人才培养体系的建立建设,也可以通过对创新创业课程进行设计规划,充分调动起各方的积极性,让各方主体都能主动参与到创新创业当中。此外,对如何协调

处理好政府、企业、高校三方的关系,政府也要重视起来,可以通过资源配置和管理,积极协调三方关系,从而保证创新创业教育的合作能够顺利进行,达到预期目标。

(2)要建立健全创新创业的相关政策和法律法规,鼓励更多的高校毕业生加入自主创业的队伍

高校可以在政府的帮助下举办一些创业竞赛,为一些好的、优秀的创业项目提供一定的支持,如资金、平台等,也可以为更多想创业的学生提供一个交流的机会,这样可以让学生的创业环境更加完善。政府方面,可以针对创新创业项目设立专项基金。要想让创新创业教育更好地运行,外部环境的支持至关重要,所以政府需要改善优化创业的环境,成立创业专项基金,借助自身在技术、财力等方面具备的资源优势,帮助高校更好地培养创业人才,为学生拓宽创业的渠道,扶持一些高校毕业生成立的创新创业企业,以促进其健康发展。站在国家的层面,政府要重点扶持、支持学生开展的一些创业项目,设立创新创业专项基金,学生通过申请获得启动资金,以此获得支持,此外,也可以针对学业的创业培训设立一定的专项资金以补贴学生。

(3)在创新创业项目的知识产权方面,要加大保护力度,为创业学生的合法权益提供强有力的保障

因为学生群体普遍不了解如何专业评估无形资产,因此,在实际创新创业时,学生很容易忽视对自己创业成果的保护。正因如此,在创新创业项目的一些产权发生纠纷时,学生的正当权益很容易受到损害,成为弱势的一方,因此,优化高校的创新创业法制环境,是政府工作的当务之急。从企业角度出发,可以安排一些企业导师深入高校之中,为创新创业的学生展开指导,为他们提供一些意见,同时,企业导师也可以成为企业和高校的沟通桥梁,高校可以根据企业产业部门的实际人才需求,调整教学科研的规划,这样在培养创新创业人才时就会更有针对性。高校应当积极主动地与企业开展合作,调整

完善校企协同的人才培养模式。

（4）在创新创业教育的前期，主要是产学研的结合，在这基础上，进一步推进全面协同育人工作，将培养的目标方向确定为经济社会的发展而服务上

与此同时，通过校企联合培养的这部分创新创业人才，能够充分利用企业和高校的相关教学资源和环境，将各方的优势融合在自身的发展中，为高校加强和社会及政府间的沟通提供便利，从而激发产学研合作教育的主体动力机制。企业之所以愿意和高校合作，原因有很多，其中市场需求以及通过产学研产生的合作收益，是促进校企合作最直接的外部动力。因为产学研和创新创业的合作为企业带来了相应的收益，增强了企业与高校的合作意向，这就促使企业愿意向其中投入更多的人力、物力，以及提供更多的合作经费。借助产学研合作的教育方式，实践能力极强的高素质型的创业人才得以被培养；同时，教学课程的规划更加科学，也使得师资队伍向着更高质量不断发展。在这种合作教育的模式下，师生的实践能力和经验都得到了很大的提升。

（5）强化高校的学科与产业发展协同机制

在高校中，学科建设与产业的协同发展除了要对接联合某一学科的校企，还要对接联动跨区域的学科集合的校企。在一定程度下，这种合作的形式对产业转型升级是能够起到促进作用的，同样，对高校进行集群服务的能力和水平也会有一定的提升。作为高校与企业共同参与建构起来的联合创新实体，产学研结合是一种创新的模式，它的发展由松散逐渐变得紧密。借助这种全新的合作方法，高校不仅能更加充分地利用智力资源，还能提高自身解决问题的能力，也能为科研创新开发团队提供更好的载体保障。在高校的创新创业教育协同机制中，企业的支撑作用也是必不可少的。在这里，企业不仅仅是技术的应用者，同时也在追求最大的利益，而且推动了创新成果的转化。借助创新创业教育，企业可以获得自己需要的人才、技术甚至

利益,从而降低成本,提高收益成效。通过与高校配合,企业可以开展创新创业项目,同时还可以资助人才培养体系计划,从而在信息反馈方面获得更高的收益回报。在这个过程中,企业将主要承担起市场技术拓展、技术供给、科研成果转化等责任。

2. 完善创新创业教育激励动力机制需要注意的问题

从高校的角度出发,要想完善创新创业教育激励动力机制,需要注意四个方面。

(1)健全创新创业教育课程体系,使课程更加体系化与系统化

对培养高校学生的创业意识和创业素质方面,创新创业课程发挥了极其重要的作用,所以高校要调整丰富创新创业教育的课程体系,让其更加系统化。只有提升改进教学的方式与环节,才能在培养学生的创业技能和创新意识时更加从容高效。实际上,创新创业教育是超越了专业教育界限的。针对这一问题,高校要及时调整转变过去的教学理念,要更加重视基础性的教育,要把学科专业的基础教育和创新创业方面的基础教育紧紧联系在一起。高校还要注意确定教学进度和教学步骤,积极组织开展教学科研实践研究,借助创业导师,给创新创业的学生传授经验,增强其创业的信心和决心。与此同时,在创新创业环境的营造方面,学校也需提高重视程度,好的环境能够更大限度地激发学生的创业潜能,让他们产生创业的想法,并积极投入其中。

(2)按照国际规范,将创新创业教育纳入人才培养计划中

就创新创业人才的培养来说,这项工作是系统且复杂的,需要包括政府、企业以及中介机构等多方面协同配合才能有效推进。保证其能够合理高效的运行,不仅对提升学生的创业知识、技能有显著作用,同时也能推动创新创业教育的深化发展,提升大学生创业的核心竞争力,推动创新型人才的培养,为我国推进人才建设和智库储备提供支持,进而推进建设社会主义和谐社会。

（3）构建科学合理的组织机构

高校创新创业教育离不开组织的保障，因此，科学合理的组织机构的建立就显得尤为重要。所谓科学合理的组织机构，就是要遵循全面覆盖、统一指挥的原则。在学校一级，应当建立起创新创业调控中心，统筹指挥创新创业教育全过程，同时，还要负责培训全校的创新创业教师队伍，合理分配、调度这些师资力量，保证各方主体能够合理有效地沟通；在二级学院一级，应当建立创新创业办公室，该办公室应当承担起高校与师生之间的联络中转任务，在其下属机构，应当建立创新创业发展中心及实践部，切实强化创业实践能力，对专业实验室以及训练中心的设施加强建设，通过开展多种形式的教学活动，激发学生的创业热情，帮助学生提升对自己的认识。

（4）培养高质量的创新创业师资队伍

要想更好地推广创新创业教育，就要重视对师资队伍的建设。要想建设培养一支高质量的师资队伍，就要加强人才的引进和培训。在条件成熟的情况下，可以引进一些创新创业教育专业人才，或聘请校外的专家到学校开设一些相关教学课程，并对校内相关教师的创新能力开展培训，最终建设出一支既有专职教师也有兼职教师，二者相互结合共同授课的高质量的创新创业教师队伍。而对正在创新创业学习的学生来说，首先要做的就是改变原有的就业观，要从思想上先为创业做好准备。创业也是就业的一种形式，而且是一种高质量的、能够体现出自己的价值形式。不仅如此，创业的过程是充满未知和不确定性的，这个过程也注定是艰辛的，学生不仅要有很好的人际交往能力，也要有管理决策能力，同时，还应当科学且充分地认识和评价自身，只有这样，才能激发出自身的创业潜力。

二、高校协同创新创业教育的调控机制

在高校创新创业培训的运作过程中，由于多个主体的参与，各方在操作过程中可能会因自身利益、情感、知识的差异而产生行为冲

突,从而阻碍创新创业培训的发展,产生一系列的问题和矛盾。要保证其正常运行,就必须实施合理的调控政策。高校创新创业调控机制可以理解为通过设定目标、公平定位、发挥作用来化解工作过程中的矛盾的一种机制。及时调整和充分调查目标是高校创新创业培训监管机制的核心任务。而对行动状态的合理评估,可以确保及时发现行动中的不一致,确保问题能够得到及时、迅速的解决。

(一)调控机制的评估

科学研究、准确评估高校创新创业培训运行中的矛盾,是创新创业培训调控的重要内容,而建立科学公正的事后研究关系是建立监管机制的重要前提。建立调查的评价环节,重点应明确调查评价关系的主体、调查评价关系的对象和内容以及研究评价关系的方式方法这三个内容。

学校的部门多、教育实践活动多,所以要明确调查评估问题,明确责任,而且从根本上介入、指导和管理学校领导机构的决策,从而为合理配置资源,促进创新创业培训的有效开展奠定良好的基础。为了提高矛盾解决的有效性,在管理机构和专家委员会两个决策机构中设立业务调查评估部门,这不仅可以提高反馈的有效性,同时也有助于实现两个决策机构的思想价值和观念取向。同时,为了确保反馈信息的客观性,还应在校外建立一个外部调查和评估组织,这是对评估工作的一个主要补充。这三方的工作在某种程度上是相同的,但重点不同:领导部门负责牵头组织,主要负责整体投资,从宏观层面配置资源用于创新创业培训;而对评估部门负责的专家委员会更注重微观视角,如师生的提案和教育科研的设计与运作;校外估评组织主要以创新创业为目标,保障事业单位整体的高效运作。

与此同时,这种评估环节也会造成学生创业项目的全面分解,我们应该从长远发展的角度来看待学生对创业的不同选择方向,所以应该详细调查近年来创新创业领域的发展状况,如果认为市场已经饱和,就应该从建设性的角度来评估项目的未来发展及发展潜力。

这些办法可以为创业大学生提供积极的参考点,确保其创新创业项目不落潮,不丧失原有的独特价值。

一个完善的评价过程,需要定期综合评价主体机构,包括:政府能否充分发挥自身职能以协调各方利益,落实政策执行情况;公司能否为学生在创新创业领域提供成熟的实践基础;中介机构是否为学生建立了完善的创业体系。定期检查主体,可以及时纠正其工作方法,当事人也可以受到监督和提升。

1. 创新创业协同评价机制

创新创业的协同评价机制是有助于提高创新创业效率的培训机制。一是在实践和科学知识评价方法论框架内,建立创新创业评价机制,可以有效评价学校师生,务实地评估教育科研成果,逐步提高实践质量;二是企业与高校共同推进创新创业评价,把创新教育与平时工作奖励挂钩,鼓励企业注重实施创新创业培训。

2. 创新创业教育质量考核评估机制

若要评估创新创业的教育质量,可以观察创新创业教育实施的水平和教育后得到的反馈。创新创业教育的评估能够推动教育价值的提升,同时还可以提高学生的创业素质和技能,使各方主体的协同关系制度得到保证。

企业会在新型考评机制的构建下更积极地参与到高校创新创业教育当中。考评分为外部和内部考评。外部考评主要是上级政府用于测量创新创业教育整体教育质量和水平的工具,舆论会监督第三方机构,同时评估绩效。内部考评是以项目执行和资源调配等为基础的,以协同双方为主体进行的绩效评估,在评估前会建立创新创业教育体系在跨界协同关系下的管理制度,明确双方的权责。协同育人的运行过程会在科学有效的评价体系下得到提高。

高校毕业生创业咨询机构数量、创业扶持制度政策和创新创业法律法规都是创新创业教育协同育人环境考核评价的内容。创新创业教育通过风险投资或教育基金来获取资金,课堂与实践的教学评估包括在协同育人教学水平评估之下。多元教学方法和核心课程规划是课堂教学评估的主要方式,但实践教学不仅仅局限于校内,还有校外实践,如实践活动、创新创业竞赛等。在考核评价时,应当设立更加全面有效的内容,评估的内容不应当局限于创新创业教育活动的结果,还要具体监测活动的过程,在评价考核中应当在绩效指标中设立定性与定量研究相结合的教学方式。

育人载体、参与主体、整体效果和投入状况是高校创新创业教育体系中的四个层面。这四个层面也可以作为调查研究教育运行状况的分析数据。为了了解创新创业教育中教师与学生的态度,可以有一定的访谈交流;另外还要不定期地监测课堂教学形式与内容,及时发现教学的缺陷与不足;深刻分析教育中的人力、物力、财力资源的配置;在创新创业培训落实之前,应当切实了解学生的受教育意愿、个人能力与综合素质,同时还要努力加强师资力量。总之,在高校创新创业调控机制中,这四个层面具有十分重要的作用,为了使调查评估环节更加完善,必须建立四位一体的多元评估体系,这既可以保证整个过程的具体信息得到有效的运用,受到评估,同时还能够及时高效地获取反馈信息。

在调查评估时,可以通过合理的访谈纲要了解参与主体的课堂主观感受。在访谈时,采访参与主体的感受和意愿,采访后及时总结采访到的信息。这些评估对象在资源投入和育人载体的层面都是客观存在的,因此,这种客观性也被带入结果当中。在调查前应当明确确立调查的标准,且在评估体系中结合课程内容和经费投入状况,建立更加完善的创新创业教育评估体系。在评估整体成效的环节,为了获取有效的信息数据,可以分段开展主体的认知测量,在调查整体的成效时可从宏观和微观两方面着手。

创业主体和教育的分离是高校创新创业教育中不断发生问题的重要原因。这些矛盾问题若想被解决,就必须在创新创业教育的进程中充分考虑学生的立场,避免单一的教师向学生的互动,而要支持师生的双向互动,使教学创业主体更加多元化,多主体协同发展。应当分析各个主体的需求,建立创新创业教育的利益发展共同体,实现多元主体协同发展。

为了使高校创新创业教育能够顺利进行,政府应当给予相应的制度和政策保障,使供给方面得到落实;高校应当不断升级学校的人才培养模式,在设定课程教学体系与方式时充分考虑学生的个性;教师在开展创新创业教学时,应当与学生双向互动,互相学习,共同发展,充分发挥学生的主观能动性;学生要积极参与创新创业相关活动,树立正确的创新创业价值观,提高自身的综合素质;企业要积极参与创新创业活动,充分发挥自己创业教育共同体的职能,提高各个主体参与创新创业活动的积极性。

(二)调控机制的协调

根据高校创新创业培训研究和评估课题的反馈情况,监管机构可以利用这些信息,通过制订政策来协调各方的工作规划,促进创新创业培训业务的优化和升级。监管机构的研究和评估涉及多个部门,跨部门合作的理念将被纳入其中,因而可以从组织和制度两个层面推进高校创新创业培训。

跨部门合作的第一个问题是各方利益的不平衡、目标的不一致,当两个部门的合作和沟通很少,就会影响到整个创新创业培训的效果。因此,必须结合我国高等学校的实际情况建立一个权威的管理机构,提高跨部门合作的管理水平,以消除跨部门合作的障碍,加强不同部门之间的沟通,最终实现团结一致。高校管理者和相关职能部门的参与,不仅可以提高合作管理机构的权威性,也有助于获取教育资源和加强部门间的沟通,同时也要统一领导机构和部门的意见,推动工作的落实。

跨部门的工作会导致不同部门之间的合作效率低下,容易产生矛盾。因此,为了消除工作职责模糊给合作带来的障碍,可以采取两种方式：一是明确合作过程中各部门的职责和权限，通过协商性工作文件和会议等方式使分工制度化，明确工作主体责任；二是加强职责权限难以分开的部门之间的信息交流环节，拓宽信息反馈渠道，缓解工作中出现的矛盾。

科学且合理的组织架构，可以促进高校创新创业培训监管机制的协调和完善，同时也可以在制度方面做更多的稳固性工作。高校创新创业培训的跨部门合作想要持续、规范，不仅需要规章制度的刚性约束，更需要文化交流的柔性保障。

从刚性要求的角度来看，只通过服务部门之间的口头约定和人际关系的主观因素来协调和改善各部门之间的关系，是很难维持高校创新创业培训的稳定发展的。只有制订合作部门认可的规章制度，用有力的手段加以规范，才会在产生矛盾时保证合作的可靠性和连续性。高校创新创业培训的跨部门正规化体系必须以强制力为保障。作为两个主要决策者，高校创新创业培训领导机构和专家委员会可以根据相关政策领域划分合作制度。由于决策主体缺乏专门性，不能形成一个连贯的体系，在制度标准上可能存在矛盾和冲突，因而有必要制订合作制度体系。鉴于此，对于制度的实施要建立监督机制，首先就是要对各部门以及教育机构有充分的了解，同时对合作制度的建立，也要有强有力的手段来保证实施。

在跨部门这件事情上，从柔性的角度来看，共同的价值观和理论信念是文化交流的出发点和连接点，要制订包含共同利益的目标。良好的沟通平台以及合作制度，同时能够加强互相之间的沟通交流。有效的定期对话也是创造良好合作氛围的基础，可以使各部门之间形成默契，加强各部门之间的合作感，形成长期有效的互信感。部门间通过合作交流与互助，为构建共同的文化生态、实现共同的价值目标作出贡献，提高各自的核心力量和凝聚力，从而推动高校创新创业培训的长期发展。

第四节　新时代高校协同创新创业教育机制的有效保障

为了保证创新创业有关教学活动的顺利开展,需要建立完善的高校创新创业教育协同机制保障体系。不同于其他形式的教育,创新创业教育旨在促进人的全方位发展且使其符合经济社会发展的需求。创新创业教育是崭新的形式,其实施比较复杂,需要建立成熟的保障体系。作为国家创新体系建设的重要组成部分,高校应协同当地政府、行业、企业深化产教融合,加强校企合作,加快构建创新创业教育保障机制,努力培养创新创业型人才,更好地适应地方经济社会发展的需求。驱动机制是关键,运行机制是核心,保障机制是重点,三方面目标一致、联动配合,共同达成高校创新创业教育人才培养的目标。

为与高效创新创业教育协同机制相适应,保障体系的建立和完善需要容纳三点:一是教育队伍保障体系,二是质量管理保障体系,三是制度环境保障体系。

一、教育队伍的有效保障

作为教育体系的顶点,高校教育长期一直担负着传播社会文化、培育高等人才、提升社会整体心智的重要使命。而教师作为高校实现其职能的主体,在某种程度上对高校教育的发展与成效产生了决定性的影响。无论是课程创新还是授课内容创新,都要依赖高校教师的能动作用。因此,培养高质量的高校教师人才体系应当成为高校教育质量改革的重要内容,建立能够保障高校教师人才队伍持续发展的培养体系则是确保高校人才质量不断提升的重要保障。

为了形成吸引人才、留住人才、发展人才的完整机制,必须充分重视人才的各类需求,创造有利于人才发展、生产、生活的综合性体制机制,从而达到发挥人才全部潜力的目标。

(一)构建结构科学合理的专兼职师资队伍

顺利开展创新创业教育的关键点是拥有一支高水平、高质量的教育团队,同时,应开展大学生职业发展教育师资培训活动。

为提高教师团队的整体素质,学校可以建立各类平台帮助教师学习成长,鼓励教师参加培训、学术研讨、教学交流等活动,主要包括:第一,面向全体教学类教师的长期培训,建议以 3 年为一个周期,提升教师的知识结构和教学能力;第二,面向重点教师群体的集中培训,以教学领头人和骨干为对象,开展高质量高水平培训;第三,面向个别老师的高精尖培训,以培养省级、国家级重点教育专家为目标。

此外,建议成立专门的组织活动开展平台——校级师资培训和大学生教育与职业发展中心,致力于教师和学生的共同发展,实现教学研究、管理服务一体化。就教师培训发展方面,成立教师培训发展教研室,负责教师培训活动的组织和开展,有效监督和管理教师日常教学工作及考核。就学生教育和职业发展而言,需要成立大学生创业教育与职业发展教研室,负责大学生创业和职业发展相关的课题研究、课程教学、实践实训等。另外,需要通过搭建校企合作、学研一体化平台促进双向发展。

1.专职教师的队伍建设

就学校的长期稳定发展而言,必须以专职教师为主体,兼职教师为辅助,不可以本末倒置。高水平的专职教师的人才队伍建设,直接关系到一个学校的办学水平和长期发展。尤其对民办的高校而言,如何吸引高水平的专职教师,避免人才流失,是其办学发展的当务之急。为此,可以从两点出发。

(1)促进创新创业教育学科发展,构建师资培训平台

创新创业教育的目标、教学内容和形式是独立的,因而专职教师团队培训也是单独的。如今随着就业压力越来越大,更多的大学毕

业生选择创业,可创业不是那么容易成功的,每一步部需要"天时、地利、人和"才能取得成功。基于这么多的学生选择创业,高校的创新创业教育人才培养体系就显得尤为重要。由具有创新创业教育研究经验的专家建设创新创业教育学科,不仅可以逐步促进创业教育的发展,提出利于创新创业教育实行的政策建议,还可以利用强化创新创业教育研究和培训专门教学人员来组织高水平的创新创业教师队伍。

(2)搭建创新创业教育教师进修培训平台

创业需要的知识包括社会学、政治学、经济学、管理学等多学科知识,因而大学生创新创业教育与社会学、政治学、经济学、管理学等学科以及思想道德教育都相关联,高校要把创新创业教育纳入专业教育和文化素质教育教学计划和学分体系。如何将创新创业教育融入高校人才培养的全过程,就成了高校教育教学关注的重要话题。在开展创新创业教育的初期,可以为教师提供进修培训的机会,让他们参加一定的基础知识理论培训,以充分适应创新创业有关科目的教学要求。为了提高研究能力,可以鼓励老师参加国家级的创新创业培训会、地区论坛会、研讨会,选择优秀的老师出国访问学习,感受国外的教育观念和教育方法与国内的不同点;为了丰富教师的创业经历,可以实施"产学研一体化"模式,将理论研究成果带入实际创业过程中,还可以建立学校与公司的合作项目,让老师参与到经营治理企业中。

2.兼职教师的队伍建设

在以专职教师为主体的前提下,还需要重视兼职教师的重要作用,建立兼职教师人才队伍。兼职教师是新时代资源共享、人才共享发展模式在高校教育教学中的集中体现。高校应该建立起一支理论和实践水平一流,了解学校办学宗旨和发展要求,清晰学校历史和学生发展情况、要求的兼职教师人才队伍,并使其成为专职教师教育教学活动的重要补充力量,承担起重要的教学工作,促进高校学生的发展。具体而言,立足大学生创新创业发展需求,高校可以有针对性地吸收三类兼职教师:一是其他高校的创新创业教育的专家学者;二是政府创新创业相关部门的工作人员,他们可以解读创新创业相关政策与管理现状;三是创新创业相关公司的行业精英骨干。

发展职业教育应以学生的就业为目标,以服务为展开方式,立足市场需求,重视对学生的理论、实践能力的培养。这一方面既包括对综合能力、职业道德与素质的培养,还包括对专业能力的培养,此外最重要的就是对发展性能力,即创新创业能力的培养。为此,可以结合学生需求、市场发展现状和学校要求及时有效地聘请兼职老师,促进教学资源与社会资源的共享与融合。另一方面,可以以兼职教师为中介,与相关政府部门、高校和企业组织建立合作关系,为学生的实习实践和社会创新创业活动的开展建立良好的平台。

(二)强化创新创业教育的师资建设机制

教师在创新创业教育体系中一直被看作是体系的核心关键,即该教育活动的主体,这在一定程度上是因为教师担负着人才培养的重要任务。同时,教师队伍的整体素质水平在一定程度上可以代表国家或者某一地区的教育水平,能够反映出当地的教育现状。因此,如果教师队伍的相关素质不能够达到较高的水平,最终呈现出的教育结果就不能够为人民满意。因此,在创新创业教育活动开展的过程中,教师队伍的质量对该活动是否能够顺利开展起到至关重要的作用。如果要顺利开展创新创业教育活动,就必须组建一支既具备坚实的专业课知识基础,又具备一定创新创业思维的教师队伍,而且还需要拥有大量的实践经验,从而更好地推进创新创业教学活动的开展。借鉴国内外创新创业活动的经验,且立足于我国创新创业教育活动发展的现状,可以从四个方面推进创新创业教师队伍素质水平的提升。

1.设定合理的创新创业教师的聘用条件

当前,我国多数高校还不够重视创新创业的教育,没有开设专门的学科课程,这在一定程度上也导致相关专业的教师资源十分稀缺。而目前高校中最常见的创新创业教育教师多半是由主管学生就业的部门的老师以及经管系的老师充当的,也就是说,教授创新创业课程的老师并未受过一定的创新创业培训,所以其在一定程度上不能够胜任相关教育活动。因此,在构建创新创业教师资源体系的过程中,一定要选择教学水平高、具备创新思维以及相关实践经验的教师。同时,也可以设立高标准的教师准入规定,在注重理论创新教育的同时,也要将创新实践提到一个更高的层次,既要考察教师的相关思维能力以及专业知识储备,还要考察教师的基本师德素养等方面,从而组建起一支质量高、素养高的教师队伍。

2. 完善创新创业教师的团队结构

首先,学校应该提升对相关教育活动的重视度,构建起相关教师的培训机制,鼓励教师参加相关培训活动,促使教师获得相关的实践经验,从而打造出一支优秀的创新创业教师队伍;其次,高校应该优化配置学校的专业教师资源,保证创新创业的教师队伍是由不同专业的高质量水平教师组成的,其专业知识之间能相辅相成,从而既保证教师队伍授课结构的科学化,也保证高水平教师的培养。在选拔优秀教师的过程中,高校应该建立起严格的选拔制度,选拔出一支教学水平高、师资素养好的年轻优秀教师队伍。与此同时,也可以培养一批实践经验丰富的兼职队伍,成员可以是成功的创业者、风险投资员、企业职员等。两支队伍相辅相成、互相协作,既保证年轻教师队伍创新水平的提高,同时也能够保证学生获得相应的实践经验,全面提升创新创业教育水平。

3. 构建系统的创新创业教育师资培训制度

优秀的教师队伍是创新创业教育活动顺利开展的先决条件,而组建一支优秀的教师队伍的唯一方法就是挑选和培训优秀的教师。在一定程度上,创新创业教育活动的开展对教师教学水平提出了更高的要求,教师不仅要具备相关创新思维,同时还要具备一定的创新实践经验。

如果想要培养一批具备相关素质的人才,教师就必须拥有丰富的创新创业经历。而为了实现这个目标,我们提出两个方面的举措:一方面,鼓励教师积极参与创新创业实践活动,从而使其能对创新创业在社会实际发展过程中的真实情况有着更好的把握;另一方面,高校应该积极开展相关的教育实践活动,加强本校教师队伍与国内外优秀教师队伍之间的交流和学习。

(1)要扩展创新创业教师的培训途径

一定程度上,如果要提高教师队伍的专业素质水平,就必须保证教师队伍中的每一个教师都参与相关的教育教学活动培训。同时,只有提高教师队伍的素质水平,才能够顺利开展创新创业教育活动。目前,我国对创新创业教育活动教师的培育方式还不多,而参与到该教育活动中的教师数量却在不断增加,因此,拓展创新创业教师队伍的培训途径至关重要。

(2)增大培训强度,提升师资队伍的整体质量

开展创新创业教育活动在一定程度上有利于提升学生的综合素质水平,不过,这个活动的开展离不开相关专业教师的教学。目前,由于创新创业专业的老师较少,因而就必须加大对参与到该教学活动中的老师的培训力度,保证每一位老师都能够接受相关培训,从中获得新的教育灵感,从而提升相关教师队伍的整体质量水平。在以后的人才培养过程中,教师占据着重要的地位,而教师的专业性在一定程度上影响着教学活动的进程以及相关的教学成果,因此,对老师开展具有核心竞争力的培训极其有必要。通过对相关教师开展创新创业思维以及实践经验的培训,既能够使得教师具备创新能力,也能保证学生的探索精神得到鼓励和支持,进而保证我国创新创业类教育活动的顺利开展。

4.完善创新创业教师考评与激励机制

做好教育队伍管理形式的激励机制建设,完善教师考评和激励机制。当前高校为鼓励更多专业教师参与到创新创业的教育教学活动中,构建了众多形式不一的奖励机制,在以此鼓励教师积极参与的同时,也推进了对相关活动团队的管理。建立起完善的教师教育教学成果及方式的动态考评机制,在一定意义上更能够推进创新创业教育教学活动的开展,而且在一定程度上转变教师参与教学的思维方式,以此实现该教育活动的理想化教育目标。建立起相关考评机制,从多个方面评判教师的整个教学过程,可以有针对性地提出整改意见和要求,以此保证教育教学活动的圆满完成。

除此之外,各大高校应该逐步增设与创新创业有关的课程,保证教师与学生都能够充分而全面地接触到该课程的相关内容。同时,在加大教师培训力度的过程中,也要保证学生对创新创业理论知识的掌握。教师考评制度的建立和完善是教师教育教学工作中至关重要的第一步。教师考评制度在一定程度上对教师的实效工作有着一定的影响,它既是学校管理的重要环节,也是教师团队教学质量得到稳步提升的有效推动力。同时,通过该制度可以从多方面评价教师的教学工作,既完善了教师教育教学工作的评价导向,也切实保障了每一位教师的才能得到显露和发挥。建立起相关的激励机制,在一定程度上能够激励教师的教学主动性以及思维创造性,从而使相关教师具备大量的创新创业实践经验以及创新思维,以此保证创新创业教育活动的开展。创新创业教育应贯穿于大学教育的始终,从而既保证了学生的创新思维能力得到提升,也保证了学生具备一定的创新创业水平。

二、质量管理的有效保障

《国家中长期教育改革和发展规划纲要(2010—2020)》提出,教育改革的关键任务是提升教学质量,树立以提高教育质量为中心的教育发展观,构建以提高教育质量为方向的管理体制和工作制度。对高等院校来说,努力提升教育质量是教育改革发展的重要目标。高等院校可以成立创新创业质量保证领导负责团队和专家团队,借由行政手段和学术威信,共同确保创新创业教育的品质。要深入评价和分析高校创新创业教育品质,以便构建行政和学术系统下的教育质量保障系统。构建高校创新创业教育品质监督支撑机制,最重要的就是建立高等学校创新创业教育品质考核机制。教育质量保障包含三大重要部分:第一,创新创业教育师资;第二,物资等部分保障;第三,创新创业教育的教学成果保障。以此为基石,为了能够给提升教学品质提供全面理论参考且协调各种物资,不仅要构建利用增强创新创业教育评测作为核心的创新创业教育品质监督支撑机制,还要定时评测高等学校创新创业教育管理情况和传授效果,实时监督、测评其开展的状况。

(一)创新创业教育教学的组织评估

学校对创新创业教育的关注程度和对各部分的投入状况是评判高等院校创新创业教育机构情况的重要指标,促进教育整改和提升教育品质的首要任务就是考评院校创新创业教育指导机构的状况。制订有效的考评标准是评判创新创业教育指导机构状况的重中之重。常规来看,评测指标可以从投入、流程和结果三个方面来确定。针对投入部分的评测,关键是看对创新创业教育不同部分的投入情况,涵盖法规支撑、教师师资配比、金钱付出、管控人员的数量、场地搭建等部分;在流程部分,考评重点在于创新创业教育的课程设置、教学方法、教学服务保障、组织管理等;在成果部分,考评侧重于考核学生的理论分数、技能掌握情况、实际操作等部分。由于针对高等院校创新创业教育机构现状的评测集中在高等院校创新创业教育的关注度和整体付出情况上,因而可选取八点作为考评标准。

1. 政策保障方面

高等院校对创新创业教育在行政和学术两方面的扶持均以当前

政府的政策支撑为依托;行政方面体现在创新创业教育工作中面临的困难和相关的各种任务,是否能通过高校领导带领的创新创业教育指导团队得到快速解决;学术方而体现在创新创业教育理论探究的奖励机制和创新创业教育领导班子是否都已敲定,是否以其作为创业教学质量提升的坚定政治根基。

2. 教师队伍投入

教师团队状况不单体现在自己院校创新创业教育全职教师和兼职教师的人数上,优秀教师在全体教师中的占比也十分重要。通过教师人员的数量可以了解到高校开展创新创业课程的数量,而拥有博士学历和正、副教授称职的老师人数比例也是教师队伍情况的重要体现。

3. 资金投入

资金的投入高低是创新创业教育是否可以顺利落实的核心。创新创业教育研究资金是基本经济投入,创新创业举办指导活动需要的经济支持是主体经济投入,这两部分的投入共同构成了高等院校创新创业教育资金。其中,举行教学活动的资金不仅涵盖主修课程和隐藏课程开展需要的经济支撑,对优良人员培养的费用也涵盖其中,比如给予优秀学生参与创业实操比赛资金方面补助、给予一定金额的创业研究项目补助等。

4. 管理人员投入

创新创业教育体系中除教学老师之外的人员都属于创新创业教育管理人员,其主要工作内容包括对组织管理人员投入状况的评测等一系列有关工作,其中包括成立单独创新创业教育监管团队来把控创新创业教育人员数量等。

5. 基地建设投入

创新创业教育学术探寻基地和实操培养基地共同构成了基地建设。理论研究基地是学生研究理论的重要场所,集中构建在校园内部,以便学生在校内学习理论知识。实践锻炼基地通常由高校和政府共同组织,建立在校外,为有创业想法的学生提供实践锻炼必不可少的场地。基地建设投入的考核有两个指标:一是软件指标,即基地拥有的学术教师和实操培训教师;二是硬件指标,即创业教育基地的数量和整个基地能承接的学生数量等。

6.教育课程安排

创新创业教育的显性课程在高等院校里涵盖了必修课、大学选修课和辅修课,通过学习,学生能掌握创新创业教育的初级学术理论。除此之外,还有专业课程、思想道德教育、通识课程等教学内容,以提升大学生创新创业的技能。设置科学规范的创新创业教育显性课程,不仅应该涵盖创新创业理论知识、创业能力要求,而且也要符合现阶段创业趋势,通过教导初级的学术知识,培养学生创新创业技能,进而让学生知道创业的意义,最终成长为拥有创造性观念且能主动创新创业的大学生。

隐性课程旨在通过学校文化和学习氛围发挥作用,与提高学生整体素养且保证学生能够全面良好地前行密切相关,它不属于原始定制的大学教学体系之中。高校在课外开设创新创业教育隐性课程,旨在帮助学生在本校学习环境里掌握更多与创新创业有关的理论知识。隐性课程和显性课程在创新创业教育中有两个明显差别:第一,形式不同。显性课程以教室内的学习为主要形式,但隐性课程更善于利用室外形式让学生参与其中,不仅能让学生掌握创新创业相关知识,更能提升其创新创业实操技能。隐性课程有丰富多彩的呈现形式,包括创新实践比赛、社团组织、课外实操活动等。第二,隐性课程有着更为放松的学习过程。它将有效的创新创业理论和实际操作技能等融入现实情景之中,借由活动形式呈现,在愉悦自在的氛围下,大学生能够从中得到启示,提升自身的创新创业学习主动性,这是创新创业隐性课程的另一大特点。

7.教学方式方面

学校尽力栽培有积极创新创业想法且对创新创业知识了然于心且具有实际操作技能的学生，在教学中使用不同方法把教学目的转化为教学成果。创新创业教学方法可以利用指导配合引导性探究，让学术配合实操，或者使用实操指导、学术引导法、举例指导法、探究教育、引导教育等方式。

8.服务保障方面

完善的创新创业教育服务保障体系是成就优秀创新创业教育质量的前提。需要具备三点，方可完善创新创业教育服务保障机制。

第一，创建大学生创新创业引导服务中心。引导服务中心作为大学生和企业之间的沟通桥梁，在团队创业实操过程中还能给予经济、场地和人才扶持。由此可见，各个学校应根据自身实际状况，开设专门的创新创业引导服务中心，以"一帮一"的形式辅助和实时指导创业学生和创新项目，实时关注他们日后的发展方向；针对创业未取得成功的同学，还需要帮助他们分析原因，并提出解决方案，激励他们勇往直前。

第二，强调创建创新创业教育实践基地的重要性。高等院校应该建立一个完善的、设备齐全的创新创业教育实践基地，使其成为学生将想法转变为现实的场地。构建一个创新创业教育实践场所，不仅要充分发挥其实践功能，在全校传播，还要将获益人群人数逐步增大，进而形成标准化的管理规章。

第三，创建创新创业教育信息化服务平台。学校要大力发挥互联网和图书馆具备的传播讯息的功能。学校可以在图书馆当中放置一个专门为同学提供创新创业教育系列书籍的书架，书架不仅要陈设与创新创业方面相关的书籍和期刊，还要及时更换相关创新创业类文献信息，以便师生可以获得来自四面八方的信息。不仅如此，我们目前正处于"互联网＋"的环境之下，网络平台成为人们获取各种信息的重要渠道。要搭建网络信息服务渠道,让高校师生能够及时迅速地得到精准丰富的前沿创新创业法规、教学指导、经典例子、实际操作公司等内容,将图书馆和互联网平台的教学作用发挥到极致。

如果想全面掌握当前高校创新创业教育实施的情况,一定要设立创新创业教育机构状况考核指标,如此一来,将有助于改善亟待强化的部分,有序推进高校创新创业教育,推动创新创业教育的学术探讨和落地实施。借由创新创业教育评测指标,开展纵向对比,不难看出高校对创新创业教育的投入和关注程度的转变情况;开展横向对比,学习各所高等院校实施创新创业教育中比较好的地方,提出相关有效的建议,方便领导确定创新创业教育政策,还可作为实际理论依据提供给全省乃至全国的相关部门,以便其制订教育政策。

(二)创新创业教育教学的效果评估

创新创业教育的实行旨在引导高校学生提升创新创业技能且对创新创业有更深入的理解,通过学生自主参与不同行业的创新创业,使他们建立良好的价值观。实现教育目标的关键在于加强学生对创新创业的认识,提升学生的创新创业技能。探究高校创新创业教育的教学成果是不是实现了教育目的,且达到了哪个阶段。简单来说,通过比较参与过创新创业教育的同学和没有参与过的同学在对创新创业的认知、主动性和能力方面的强弱,就可以评判教学成果如何。因此,大学生创新创业教育教学成果与创新创业教育目的一定要一一对应。

创新创业意愿和创新创业自我效能感两个概念的提出背景,在于立刻评判出大学生对创新创业的认知和本身具备的创新创业技能非常不容易,因而需要寻求公证严谨的大学生创新创业认知和技能评判方法。创新创业意愿能够反映大学生对创新创业的主动性的强弱,其本身是代表学生是否有创新创业意识的自我行为。高等院校的创新创业教育是为了让学生形成良好的价值观,加强学生创新创业的主动性且让学生自信地参加到实践创业活动中,是让大学生具备创造性、拥有主动创业想法的教育,其本身与当前高等教学体系里的专科教育完全相异。高等院校在创新创业教育方面不仅要以传授创新创业学术知识为基石,更要增加教学形态,积极迭代教学方式,打开学生思路,提升大学生创新创业的积极性,在培养大学生的自主性意识和创造性思维方面下功夫。针对大学生自身,培养主动性、创造性观念的前提是引导其树立起创新创业积极自主的意愿,让大学生确立自身主导地位,激发其全面展现自身的积极性和潜能,从而提高自我价值,获得明显的进步和长足的发展。

美国心理学家班杜拉于 1977 年提出了自我效能感这一概念。自我效能感是每个人对自身的一项任务能达成与否的评估和判断,普遍适用于各种范畴,只是在各种范畴内的意义有所差异。自我效能感适用在创新创业范畴中,就是个人对自身能不能达成创新创业目的的评判,表现为个人对自身创新创业潜能的认同程度。通过问卷调研,评估自身创新创业意愿,表现出自身对创新创业潜能的认可度以及创新创业带来的自我效能感,从中能够看出大学生具备的创新创业技能和主动性,进而展现出创新创业教育教学的成果。为了探寻大学生在创新创业教育课中的学习情况,分别从年级、年龄、家庭环境和背景、专业、性别研究分析,通过数据分析来提升创新创业教学质量,进而对各种学生采取差异化定制创新创业教育形式。

三、制度环境的有效保障

教育环境会间接地、潜移默化地影响教育的效果,而且这个能量是巨大的。20 世纪 30 年代,日本学者细谷俊夫出版了《教育环境学》一书,书中介绍了教育会受到社会、自然和精神环境的影响。创新创业教育环境是一种价值规范和意识形态,能够被学校中的师生感知,其也是一种制度环境,能够促进创新创业教育的发展。学校基础设施是教育环境中的一部分,如图书馆、食堂和教学楼等,也包括建筑风格、绿化设计等学校环境构造和管理制度、发展规划等学校的规章制度、校训校史等精神文化。对适合创新创业教育发展的环境进行保护的体系的建立是高校创新创业教育制度环境保障体系的本质。

（一）创新创业教育环境的作用

良好的创新创业教育环境有许多优势。例如，良好的环境可以使创新创业教育的教学质量和管理效率得到提高，使学生能够积极主动地参与到创新创业教育的学习活动中，让全校的师生能够感受到这种教育意识，使高校创新创业教育能够顺利地开展。

1. 价值引导作用

新鲜的观念和事物更能吸引新生代大学生的注意力，大学生比其他年龄段的群体能更快速地接受新颖事物和观点。另外，处于青春期的大学生没有成熟的意识体系，周围的环境会对其产生影响。这时，教育环境的引导和教育作用就体现了，将创新创业的意识和价值观念植入学生身边的环境当中，更能促使学生建立起创新创业的意识，提高学生投入环境的积极性，创新创业教育的教学成效这样也会大大提升。为了良好地营造新型创新创业教育的制度环境，教师不仅要重视自身的发展，还要坚决贯彻学校的相关政策和管理制度，只有这样才能积极地推动创新创业教育活动的发展。此外，在学校的学习氛围中，也可以植入相关的创新创业要素。教师要以创新创业教学为己任，引导学生建立创新创业意识。

2. 目标引导作用

学校活动、校风校训和学校宣传等都是教育环境的影响散发的途径。高校是这些活动的组织者，在组织活动时，应当有明确的目标，融入本校的特色和理念，引导全校师生的发展。高效的发展和学生的教育目标应当是命运的共同体，因而目标的导向可以使学生在教育环境中的意识形态得到改变。如果在高校教育环境中融入目标的引导，且选择以创新创业教育思想观念为本质的目标，全校师生就会拥有和学校共同的目标，学生和教师在整体中的热情将会进一步提高。

教育环境能够整合资源。教育环境一方面可以引导师生价值和目标,另一方面还可以凝聚校园共识,使教师能够在创新创业教育教学的过程中感受到切实的成就和认可感,凝聚师生精神,使在教育环境中的每一个人都能够投身于创新创业教育,为创新创业教育付出一分力量,促使其顺利稳定地开展。

(二)创新创业教育的生态学

物质和精神两个方面都存在于高等学校创新创业教育的环境中,教师,学生,教育的形式、方法、过程和内容等都会受到这两个方面的影响,不同的环节之间有十分复杂的关系。学校要更全面地看待高校创新创业教育的环境保障体系,以内外双视角来看待高等学校创新创业教育环境,将其看作是一种生态系统,关注和分析生态系统的各方面要素。

马克思主义的生态观认为人类和生态环境可以相互影响。虽然人类与其他动物没有差异,周围的环境都能对其产生影响,可人类又具有主观能动性,可以改造自然。这一看法受到了许多生态学专家学者的认同,在学者们的心中,生态学就是探讨生态环境中的人类和人类以外的生物受到环境影响与相互作用的学科。

在生态学中,个人和生态要素之间的关系是运动的,有联系的,并非静止孤立的,人无论在哪种生态环境中都会受到环境的部分影响。教育生态系统观点是在教育的过程中融入了生态学的概念。老师和学生在这个环境中处于主体地位,全体师生都会受到生态环境中的生态要素的影响,而且师生之间还会相互影响,优良的教育环境能够对人产生积极的影响;反之,劣质的环境会对人产生消极影响,同时,教育环境中的其他要素也会受到个人活动与认知的影响。

创新创业教育主体和教育生态环境是高等学校创新创业教育生态系统中的两大组成部分。在创新创业生态系统中,创新创业教育主体扮演接受和实施者的角色,其中,高校中与创新创业教育相关的教学机构、师资队伍和负责部门等都是实施者；创新创业教育的活动、课程和教学计划等是实施者在创新创业教育生态环境中的行为；参与创新创业教育培训的学生就是环境中的接受者，在种类繁多的教学服务当中，学生能够依照自己的需求来选择自己想要的教育服务。

物质环境是创新创业生态环境中的一种，如基础设施、建筑风格、校园环境等。此外，创业生态环境还包括校园文化、校风校训等精神环境。不同的创新创业主体，如实施者和接受者之间有着紧密的联系，教育管理和教学活动等是连接实施者和接受者的纽带。在这种关系中，实施者会将教育服务提供给接受者，接受者会将自身的心得反馈给实施者。紧密连接主体的敏感因子是创新创业教育环境影响主体的主要中介，实施者在这种影响下，会向接受者提供具有差异的教育服务、数量和质量，因此，接受者对实施者教学的评价也会有所变化。实践是创新创业教育主体完善创新创业生态环境的优良途径。

（三）创新创业教育环境保障体系的构建

教师与学生的意识形态在优良的创新创业教育环境下能受到正向的影响；反之，教师和学生在劣质的环境下会受到消极影响，且这种影响时刻存在。因此，高校应当重点建设优良的创新创业教育环境，以此促进教学成效的提升。

要全方位理解创新创业教育环境在生态学上的概念，所以创新创业教育体系的协调性是环境保障体系建设的必要条件。许多方面和要素都在影响着高等学校创新创业教育，整个系统十分复杂。实施者和接受者与环境之间有着复杂的关系与作用，促使整个教育环境的稳定协调发展是高校创新创业教育开展的重要保障。

为了完善构建高等学校创新创业教育环境保护体系，必须综合考虑物质和精神两方面的环境建设。如果过分重视物质而忽视精神，推动教育的动力就会有缺失；如果过分重视精神忽视物质，高校创新创业教育就会缺乏载体。因此，应当协调建设二者，合理配置资源。

在迎合协调性要求的基础上，提出创新创业教育环境保障体系的构建模式，这种构建需要通过环境监测开展，以教学研究为基础，重点实施资源配置，同时要迎合相关政策，在高等学校创新创业教育环境保障体系建立时综合考虑物质和精神两方面的需求。物质环境的建设是为了顺利推动创新创业教育，精神环境的建设是为了得到显著的教育成效。具体有四条措施。

第一，在创新创业教育的过程中，要加入激励措施，通过激励体系中的老师、管理人员等相关人员，促使教育成效的提高。激励方法包括职位晋升、职称评定和绩效奖金等，以此提高管理人员和教师等人的积极性，使教师能够更加主动地为创新创业教育作出奉献。对学生，可以通过奖学金、奖状和记录学分等方式调动其积极性。

第二，加大监管检测创新创业教育的力度，及时了解教育环境的情况。创新创业教育是长期持续的，高校必须建立健全物质和精神监管制度，建立监管环境教育的专业团队，通过问卷调查、实地访问等形式了解物质和精神环境现状，将了解到的现状向创新创业教育研究和管理部门实时上报，了解环境后要找出相应的解决办法，使教育活动的实施能够长期有效地进行。物质和精神环境只是创新创业教育环境监测和监管工作的对象之一，实地调查和访问是物质环境测评的主要方式，对访谈和问卷调查的分析是精神环境监测的主要方式。

第三，合理配置创新创业教育资源，科学合理地分配资源。在建设前，要做好统筹规划，避免出现不科学、不合理的资源配置方式，在投入创新创业精神与物质环境建设之前要做出相应的评估，使资源能够用到关键地方，避免出现资源浪费现象，大力推进创新创业教育环境的稳步发展。需要建设专门的管理机制来分配具体的创新创业教育资源，使资源配置的事先、事中和事后三方面的评价都能够得到保障。在建设前需要具体评估投入资源的各方面要素和配置,在事中需要分析与调整投入的物质和精神两方面的资源的实际情况,事后要剖析与评价整个过程的资源投入与产出。

第四,加大创新创业教育科研工作的力度。由于创新创业教育兴起较晚,不像其他教育那般具备丰厚的基础和先例,因此,应当事先评估教育环境的建设风险。对创新创业教育应当大力研究,使创新创业教育环境中对接受者和实施者产生影响的各种因素浮出水面,同时,剖析其产生的影响,这样在创新创业教育环境的建设过程中,便可以更加得心应手地掌握各种影响因素,针对各种情况制订合理的解决对策,通过建立专业的智囊库促进良好教育环境的建立。课题招标和成效考评是加强创新创业教育科研工作的两种主要办法。课题招标是一种策划科研课题的方式,这种方式是以本校开展创新创业教育的实际情况和未来方向为出发点的,所有与创新创业有关的教师都是公开招标的对象,课题招标会将创新创业科研资源充分提供给教师。成效考评是对学校内部人员对创新创业教育环境建设作出的个人贡献开展公平科学的考评的过程,可以激励教师和管理人员积极创建创新创业教育体系。

(四)创新创业教育环境保障体系的其他要素

必须创建一个能够推动社会进程和学生自身发展的科学、规范的保障体制,以此确保创新创业教育顺利、有序开展。建立保障体系是为了促进创新创业科研的进程,同时为创新创业教育指引前进方向,提供改善的办法,确保其继续顺利发展,并全面推广,让其充分发挥作用,推动社会发展。以高校创新创业教育的特点为基石,从政府、社会、企业和家庭四个方面来阐述如何树立优秀的教育氛围,修补当前创新创业教育整体保障机制。

1.政府政策支撑

政府作为法规的颁布机构,在高校创新创业教育保障体制中承担着引领、支持和激励的职能。高等学校举办创新创业教育活动,引导学生积极参与,都要有机构法规、各种物质要素、资金和社会服务机构的全力扶持。

(1)政策法规支持

政府相关机构应在全面理解高校创新创业教育之后再颁布相关政策法规。政府应在符合市场经济规律的前提下,给予大学生利好的创新创业发展氛围,并颁布与之相关的激励扶持政策,绝不可单从增进学生就业方面领会这教育本质。创新创业教育是否能够顺利落实实施取决于政府有没有提供相关政策法规的扶持。具体来说,相关法律法规政策的颁布要加快推进,为创新创业教育提供法规上的支撑;有关单位应尽力简化大学生创新创业准入流程,进而提升审核速度;相应的税收减免等优惠政策也应一并出台;对应的创新创业培训指导、政策咨询、持续指导等服务内容需要尽快派遣相关单位来承接。政府在政策法规上的全力扶持将为高等学校顺利发展创新创业教育提供保障。

首先,出台具备特殊性、全面性和实施性的相关创新创业教育政策,不要只做表面文章。

其次,梳理出现已颁布的相关创新创业教育法规,在公共平台公示,把这些法规放在同一批次,保证政策拥有全面性和连贯性。根据现在的整体情况来看,政府需以已经出台的政策作为基准,推动迭代创新创业教育的相关规定和详细细则,完善创新创业教育的实行目的及整体实行方式等。

最后,建立创新创业教育法规的监察机制。第一,依靠丰富的媒体手段宣传创新创业教育法规。全面利用互联网、电视、有声平台、纸媒等传播手段来宣传和推荐新出台的创新创业教育政策,对大众感兴趣的相关创新创业教育政策的内在意义,邀请专家学者深入阐述和详尽解析,让政策内容能够快速、准确、全面地被有关受益者学习。第二,建立协作运行机制,将高等学校、政府、企业三者紧密结合。领导机构作为各个机构的联络纽带，要协调各个机构之间的关系，及时监控创新创业教育政策的进展情况，确保信息反馈的速度，对持续完善创新创业教育政策起到积极作用。

（2）经费支持

通过对大学生创新创业受限原因的深入分析，我们得出结论，创新创业教育项目能否良好开展受制于初始资金和后续资金充足与否，这是影响发展的最主要因素。由于经费对落实创新创业教育起到了重中之重的作用，因此，政府为了鼓励大学生创新创业，必须要提高创新创业教育的经费输出，多多建立创业基金。政府要带动资金输出，给予大学生相应的贷款额度，提高对大学生创新创业小额贷款的支持力度，扩大贷款的受益人数，支持大学生创新创业，让大学生在经费方面减少顾虑。同时要特别加大对高新技术项目的扶持力度，给予其特别的优惠政策和强有力的支撑。

（3）免费培训指导

政府应呼吁有关单位开展责任培训工作，如免费给大学生安排学习场地、加强技能练习、提供法规和技能培训等，以此提升大学生的创新创业技能。为了增加大学生的创新创业理论知识且提升大学生的创新创业操作技能，政府应定期邀约国内外优秀企业家、高校专业领域内的知名教授、政府有关单位的经验丰富的职员等担当大学生创新创业的指导老师，通过教学、咨询、答疑、案例解析等手段增加大学生有关创新创业的知识和技巧。

（4）建立创新创业教育中介组织

政府要为大学生创造优良的创业氛围，激励大学生创新创业，全力扶助丰富多彩的非营利机构，增强对大学生创新创业教育理论知识的输入，并引领其实施。例如，政府划分出单独的实操基地给到创新创业项目，且政府相关单位和有关的教育科研团队带领下，成立有公信力的创新创业教育科研组织，广泛地开展创新创业教育研究，同步在全国各地高校举办创新创业教育项目，为我国创新创业教育的建立提供理论基石。发动社会全体积极创建创新创业民办教育机构,和高等院校联手实现创新创业教育项目。为了帮助大学生在创新创业进程中尽快找到相关支持企业,获得相应资金支持及有效的政策法规咨询,政府要全力推进大学生教育中介机构的建立,创建大学生创新创业实施场地和基地。与此同时,中介机构需估算大学生创业经费的缺口,为大学生提供政府小额贷款,承担大学生创业贷款担保职责,减少政府压力和高校教学压力,充分监察教育的实行情况,公证考核创新创业教育的实践状况。

2.社会舆论支持

为了确保创新创业教育的成功实施,就必须创造一个优良的社会氛围。在培养创新创业人才方面,我国源远流长的传统文化有着举足轻重的作用。为创造一个主动进取、鼓励人们创新创业的社会环境,我们在延续和发扬优良传统文化时,要剔除守旧文化,要发扬光大其良好美德。利用相应的宣传方式引导社会全员建立人才考核标准,强化创新创业社会理念。想全方位推进优秀创新创业氛围,就必须通过政策法规来激励大学生创新创业的主动性,维护创新结果,发布创新创业激励政策和人才培养政策等。

目前社会对创新创业教育的理解仅停留在表面,这类教育并未引发激烈讨论,触动的人群并不广泛。虽然高等学校和教育单位对创新创业教育的了解深入,但仅有高等学校付诸行动,显然不能够完全推动创新创业教育的整体进程。创新创业理论现阶段在部分区域发展迅速,但也有区域的创新创业教育仍未开始实行,创新创业教育进程明显显露出发展不均衡的态势。因此,为了面向社会推行创新创业教育,我们需要建立一个以政府为核心,高等学校为主体,全体社会成员积极传播且推行的创新创业教育新形式。通过网络、电视、报纸等传播手段,让大家的创新创业主动性得到积极发挥,使全社会对创新创业形成共同认知,为创新创业教育实施创造良好的氛围和情境,推进创新创业教育进程。

3.企业合作支持

企业在创新创业教育进程中的作用非常重要。创新创业教育不仅为学生带来了更多就业机会,还提升了其自主创业的主动性,激发了其创新创业潜能。理论知识培养和创业实操指导都属于高校创新创业教育范畴,其中,实操指导是非常重要的一环,而且需要企业的大力支持。在大学生创新创业教育过程中,企业可以带来方法指引,提供实施场所、资金帮助、扶持项目等。当前,虽然有很大比例的高等学校在创新创业教育进程中都得到了企业的扶助,但仅局限在经费方面的帮助,较多依靠的是企业的推广效果,却缺少对大学生实际实操方面的引导和项目扶持。如果想推动创新创业教育的发展,促进企业本身的持续增长,达到互惠互利,企业不单要在资金方面扶持,还要给予实施场所的支持,以及项目方面的指导,全方位帮助创新创业教育发展。因此,高等学校与企业之间应该达成长期稳定的合作关系,企业将一些经过历练的职工派遣到高校担任兼职教师,给予更多发展创新创业教育的机会,为大学生提供一些实践的创新项目,提高学生的创新创业实操水平。

此外,为了促进创新创业教育并营造良好氛围,企业可以利用其自身宣传能力和社会号召力,扭转社会和家庭对大学生创新创业的负面看法,赞同创新创业激发的正面作用,带领大众更新对创新创业教育的认知。

4.家庭支持

根据当前我国现状来看,家庭在大学生成长中有着举足轻重的影响,对世界观、价值观、人生观的形成起着非常重要的作用,同时也是大学生的经济和精神支撑。即使学生在创新创业活动中储备了理论知识、拥有创新思维和实操技能,仍需要家庭的正面支撑。大学生的家庭背景直接影响到其就业观、创新创业素养、自身性格的养成。父母对创新创业的看法与孩子的就业观念呈正相关关系。如果家庭对创新创业持正面态度,且适当激励,学生的创新创业主动性就会提高;而如果家庭对此持有负面看法,学生信心就会受挫,严重的会导致创业想法破灭,在困难面前只想逃避。由此,高校要学会利用家庭在教育中的作用,积极与家庭良好沟通,争取家庭对学校创新创业教育活动的支持。

目前家长对孩子创新创业的正面肯定还不够多,总结原因主要有两点:首先,传统观念深入人心,父母总是希望孩子能够拥有一份脚踏实地的安稳工作;其次,对一般家庭来说,创新创业的启动资金是一笔不小的数目,这让家庭整体压力倍增。基于家长的上述顾虑,高校要联合相关部门,派具体教师和学生家长深入交流,将创新创业政策的相关优势传达给家长,让家长消除顾虑,转变传统的固有思维和老一辈的就业观念等,让家长认同大学生不仅是应聘者,同时也可以成为就业岗位的发起者,逐步赞同且主动配合学校开展创新创业教育活动,努力打造顺应时代发展的家庭环境,与高校一同联手让大学生拥有勇敢、不畏艰难、积极进取的性格特点,鼓励孩子按照自己的想法选择,遵从内心地选择日后的就业方向。

除此之外,政府和学校要互相配合,积极与学生家长沟通交流,对学生家长开展培训,尤其针对就业观念陈旧的农民家庭,需要采取更为有效积极的教育方法,争取让高校创新创业教育能与家庭教育齐头并进。通过为大学生提供创业小额贷款,争取到大学生家长的配合和认同,以此推动创新创业教育的成功推行。

总而言之,建立创新创业教育保障机制需要通过政府指引,将高校作为实施主体,引导全社会主动参与,联合企业扶持且得到家庭大力配合才能够顺利进行。我们需要通过网络、电视、报纸等媒体广泛推广,配合社会各界人士的努力,推动创新创业教育进程,将我国创新创业教育提升到一个新高度,进而推动社会主义市场经济的全面进步。

第三章

"创新创业+"
人才培养研究

第一节　"创新创业＋"人才培养模式分析与构建

一、"创新创业＋"人才培养模式内涵分析

"创新创业＋"代表一种新的人才培养模式，是适应我国经济新常态下的一种教育模式改革的发展导向，是将创新创业理念深度融入传统的人才培养模式中的一种创新。

"创新创业"作为核心概念，其内涵是以构建培养拔尖创新创业人才为指向的现代高等教育模式为目的，引导学校师生不断更新和升华教育观念，深化教育教学改革，将人才培养、科学研究、社会服务紧密结合，实现从注重知识传授向更加重视能力和素质培养的转变，强化对学生创新创业精神、创新创业意识和创新创业能力的培养，切实提高人才培养质量。"＋"作为模式外延，是将创新创业与高等教育中各类专业的人才培养及专业建设相结合，以创新创业教育为导向，改革传统的专业人才培养模式，提升专业建设质量，以适应我国经济新常态下对人才培养的需求。

"创新创业＋"的人才培养模式，其外延是无限延展的，是可推广、可复制的。该模式不仅适用于高职高专的专业人才培养模式，同

样适用于综合型大学、研究型大学的专业、学科建设及人才培养模式的改革创新研究。

二、"创新创业＋"的特征

(一)加强创新创业教育与专业教育的有机融合——培养理念

创新创业教育与专业教育是一个有机结合体,创造是一种思维方式,创业是一种生存方式,创新是一种发展能力,创优是一种精神品质。"创新创业＋"倡导先进的创新创业理念,努力实现创新创业与专业教育由"两张皮"向有机融合的转变,由注重知识传授向注重创新精神、创业意识和创新创业能力培养的转变,由单纯面向有创新创业意愿的学生向面向全体学生的转变,切实增强学生的创新精神、创业意识和创新创业能力,努力造就大众创业、万众创新的生力军,不断提高高等教育对稳增长、促改革、调结构、惠民生的贡献度。

(二)关注综合素质与"四创"能力的培养——培养目标

"创新创业＋"作为一种新型人才培养模式,是一种以构建培养拔尖创新创业人才为指向的现代高等教育模式,它引导师生不断更新和升华教育观念,深化教育教学改革,将人才培养、科学研究、社会服务紧密结合,实现从注重知识传授向更加重视能力和素质培养的转变,强化对学生创造、创新、创业、创优"四创"能力的培养,切实提高人才培养质量。

(三)注重人才培养每个具体环节的渗透——培养过程

"创新创业＋"是将学校的创新创业融入专业教育的每个过程中,在专业教育过程的每个环节中不断提高"创造、创新、创业、创优"的四创能力。

(四)强化创新创业研究内容的跨界融合——研究基础

"创新创业＋"是跨界融合,"＋"就是跨界,就是变革,就是开放,就是融合。敢于跨界了,教育创新的基础就更坚实;融合协同了,教育过程智能才会实现,从创新创业教育到专业教育的路径才会更垂直。

(五)注重创新创业哲学思维的有力指导——理论背景

"创新创业＋"是用创新创业的哲学、创新创业的思维去指导高职教育或完善提升传统教育,培养符合现代行业需求的学生。

(六)坚持开放生态、解构重塑的模式创建——研究方向

对于"创新创业＋",生态是非常重要的特征,而生态的本身就是开放的。我们推进"创新创业＋",其中一个重要的方向就是要化解掉过去制约教育创新的环节,以生为本,创新思维,重塑结构,开放心态,改变创新创业教育与专业教育的"两张皮""孤岛式"的现实状况。

(七)力求多方位、多层次、多维度的辐射——社会效应

"创新创业＋"模式,其中"＋"的方式是多种多样的,是多方位、多层次、多维度的,是力求对多学科、各专业创新创业教育的辐射与带动,根本出发点是以创新创业作为学校教育的发展方向,让它具有带动性、开放性、包容性和战略性作用,为相关专业和其他院校创新意识、创业能力扩容、升级、增值。

(八)完善人才培养模式与经济新常态的有机结合——时代要求

"创新创业＋"是在"创新创业"内涵基础上的人才培养模式的外延,是一种新的人才培养模式,是适应我国经济新常态下的一种教育模式改革的发展导向。新常态下,信息革命、全球化、互联网业已打破了原有的社会结构、经济结构、地缘结构、文化结构。产业不断变化,新业态不断出现,知识的需求也发生根本性变化,迫使教育也必须适应时代的改革。

三、"创新创业＋"人才培养模式改革背景

在2014年8月召开的中央财经领导小组第七次会议上,习近平

总书记强调:"创新驱动实质上是人才驱动。为了加快形成一支规模宏大、富有创新精神、敢于承担风险的创新型人才队伍,要重点在用好、吸引、培养上下功夫。"高校创新创业教育工作与稳增长、调结构、促改革、惠民生提出的新要求相比,还有很大差距,特别是在人才培养工作中的短板效应越发明显。因此,加强大学生创新创业教育,提高其创新精神、创业意识和创业能力,鼓励其开展创新创业实践,是学校服务于国家转变经济发展方式、建设创新型国家和人力资源强国的现实要求。"创新创业+"的创新人才培养模式正是基于这样的背景而提出的。

首先,"创新创业+"人才培养模式是在理念论、思辨哲学和实用主义教育观的指导下,构建出的相对协调与完善的符合我国高等教育实际情况的创新创业理念体系,为在不同类型的高校、不同层次大学生中开展创新创业教育提供较为具体的认识定位与实践指导。理念是一个靠内在逻辑发展的协调体系,其中包含着逻辑的起点和诸多的逻辑中介,最后形成的逻辑终点将起点与中介纳为自身的有机组成部分。高等教育的理念是对高等教育内在的本质规律、价值取向,外化的功能、目的和方法等一系列基本问题理论化、系统化的,具有相对稳定性和生长性的理论体系。高等教育的创新创业理念从属于高等教育的理念。因此,它将更为具体地揭示创新创业的诸多方面。

其次,"创新创业+"为我国高校培养大批的创新创业型人才提供较为具体的推进模型与行为方式,以促使我国高校的培养目标由知识型向创业型转变。人类的任何一种活动,都是目标引领性的活动。由于目标设定的层次、取向的不同,就使得行为主体要设计不同行为方式来达到不同层次的目标。创新创业的目标是一个体系、一种模式,由不同的创新创业板块的分目标构成,其合力最终成就了创新创业的总目标,培养大批的创新创业型人才,为国民经济的活力与可持续发展提供源源不断的人力资源。"创新创业+"引导学校师生不断更新和升华教育观念,深化教育教学改革,将人才培养、科学研究、社会服务紧密结合,实现从注重知识传授向更加重视能力和素质培养的转变,强化对学生创新创业精神、创新创业意识和创新创业能力的培养,切实提高人才培养质量。

再次,"创新创业＋"解决了创新创业教育与专业教育"两张皮""孤岛式"的问题。近年来国内一些高校在创新创业教育方面有过一些有益的探索,而普遍存在未能将创新创业渗透到学校教育教学全过程的问题,以及创新创业与专业教育严重脱节的现象。然而,创新创业教育同专业教育应当是有机融合的。首先,创新创业教育必须依赖专业教育,专业教育是高等教育承担的基本职责,脱离专业教育的创新创业教育只是舍本求末、缘木求鱼。其次,创新创业教育的实施,对专业教育的改革提出了新要求。高等学校应该将教育的触角从专业教育延伸至创新创业教育,实现创新创业教育与专业教育的有机融合,充实素质教育的建设内容。

最后,"创新创业＋"具有较高的实践意义和价值,适应了学生和社会多元化的需求。大学生是最具自主创新创业能力的社会群体,是创新型国家建设过程中最为积极活跃的因素,因而实施"创新创业＋"的人才培养模式,可以发挥大学生的创新创业素质,为其就业、创业提供直接的指导服务;同时还可以缓解社会就业压力,对构建和谐社会、促进经济增长、建设创新型国家都起到积极作用。

四、"创新创业＋"人才培养模式构建

(一)国外有关人才培养模式的研究

1.德国的"双元制"模式

德国双元制人才培养模式是德国职业教育的核心。所谓"双元",是指职业培训要求参加培训的人员必须经过两个场所的培训。一元是指职业学校,其主要职能是传授与职业有关的专业知识;另一

元是企业或公共事业单位等校外实训场所,其主要职能是让学生在企业里接受职业技能方面的专业培训。

德国双元制人才培养模式是企业(通常是私营的)与非全日制职业学校(通常是公立的)合作开展的职业教育模式。接受双元制的学生在学习过程中,学制一般为三年。第一学年主要开展职业基础教育,集中学习文化课和职业基础课,学生要从职业类别(以经济、技术、社会工作或服务三个领域为主)中选择并确定学习内容。第二学年转入选定的职业领域开展专业实践训练。第三学年则向特定职业(专业)深化。这是一种将企业与学校、理论知识和实践技能结合起来,以培养既具有较强操作技能又具有专业理论知识和一些普通文化知识的技术工作者为目标的教育。德国双元制模式的本质在于向年轻人提供职业培训,使其掌握职业能力,而不是简单地提供岗位培训;不仅注重基本从业能力、社会能力的培养,还特别强调综合职业能力的培养,更加注重的是综合职业能力的培养。

德国双元制被看作当今世界职业教育的一个典范。作为德国职业教育的主体,它为德国经济的发展培养了大批高素质的专业技术工人,被称为是第二次世界大战后德国经济腾飞的秘密武器。

2.澳大利亚的 TAFE 人才培养模式

TAFE(Technical and Further Education)是技术与继续教育的简称,产生于 20 世纪 70 年代,泛指职业教育的培训和办学单位,是澳大利亚一种独特的职业教育培训体系。TAFE 由澳大利亚联邦政府和各个州政府共同投资兴建且管理,由澳大利亚联邦政府和所在州政府共同承担办学所需经费,其中 75% 由州政府承担、25% 由联邦政府承担。毕业后 100% 就业是 TAFE 学院的教育理念和最终目标,形成了一种在国家框架体系下以产业为推动力量的,政府、行业与学校相结合的,以客户(学生)为中心灵活办学的,与中学和大学有效衔接的,相对独立、多层次的综合性职业教育培训体系。

该模式受北美和英国职业教育的影响,强调能力本位和资格证书,澳大利亚国家培训局制定全国统一的 TAFE 标准,推行国家能力标准体系,TAFE 每年提供上百种课程,这些课程以就业市场为导向,不只是理论的学习,更注重实践操作技能,使学生一毕业就能上岗就业。澳大利亚的 TAFE 模式是建立在终身教育理念基础上的技术与继续教育,作为澳大利亚职业与培训体系的重要组成部分,表现出了前所未有的活力,得到了世界各国越来越多的关注。

3. 美国、加拿大的 CBE 模式

以美国、加拿大为代表的能力本位教育培养模式(Competency Based Education,CBE)诞生于第二次世界大战后。能力本位教育中的"能力"是指一种综合的职业能力,它包括四个方面:与本职相关的知识、态度、经验(活动的领域)、反馈(评价、评估的领域)。四个方面均达到可构成一种"专项能力",这个专项能力以一个学习模块的形式表现。若干专项能力又构成了一项"综合能力",若干综合能力又构成某种"职业能力",其核心是强调对受教育者的能力训练,以职业岗位的实际需求为出发点,合理制定受教育者的能力目标,再由能力目标服从具体岗位来设置相应的课程体系,最后利用能力分析表来评估人才培养的质量水平。

美国、加拿大的 CBE 模式强调以能力作为教学的基础,而不是以学历或学术知识体系为基础,对入学学员原有经验所获得的能力经考核后予以承认。强调严格的科学管理,灵活多样的办学形式。随时招收不同程度的学生并按自己的情况决定学习方式和时间,课程可以长短不一,毕业时间也不一致,做到小批量、多品种、高质量,从而打破了传统以学科为科目、以学科的学术体系和学制确定的学时安排教学和学习的教育体系。以岗位群需要的职业能力的培养为核心,保证了职业能力培养目标的顺利实现。

由于能力本位职业教育显著的优越性,引起了世界范围内的广泛关注,一度曾成为世界职业教育教学改革的发展方向。

4. 日本的产学官模式

日本的产学官人才培养模式是指在政府支持指导下推进高校与企业开展深层次合作的模式。具体表现在日本政府通过制定政策法规，提供资金支持等方式引导、扶持和干预；企业通过投资项目、接受实习生、参与学校的人才培养过程等方式与高等教育机构建立密切的校企合作关系；高等教育机构则为企业培养服务于一线的大批量的适应经济发展的应用型专业人才。

近藤将日本产学官合作模式划分为知识的共同创造、知识的转移、基于知识的创业三种类型。其中，知识的共同创造模式包括共同研究、委托研究、奖学捐助金；知识转移模式包括专利交易、技术研修、技术谈判、技术咨询、研究员的聘用；基于知识创业的模式包括大学的衍生企业、创业型大学。

产学官合作模式，为日本产业界培养和输送了大量企业急需的熟练技术工人，建立适应社会发展需要的人才培养体制，使科研成果迅速转化为生产力。

(二)国内有关人才培养模式的研究

关于人才培养模式的内涵，至今尚无公认的精准表述。目前有一种表述侧重从总体上把握。教育部在 1998 年下发的《关于深化教育改革，培养适应 21 世纪需要的高质量人才的意见》中，将人才培养模式表述为："学校为学生构建的知识、能力、素质结构，以及实现这种结构的方式，它从根本上规定了人才培养特征并集中地体现了教育思想和教育观念。"人才培养模式是在一定的思想和教育理论指导下，为实现培养目标而采取的教育教学组织方式和运行方式，是关于人才培养过程质态的总体性表述，即对人才培养过程的一种设计、构建和管理，在人才培养中起着统帅作用。

现阶段，对"人才培养模式"的定义主要有七种表述。

规范说：人才培养模式是教育机构和教育工作者群体普遍认同和遵从的关于人才培养活动的实践规范和操作方式，它以教育目的为导向，以教育内容为依托，以教育方法为具体实现形式，是直接作用于受教育者身心的教育活动全要素的总和和全过程的总和。它反映处于教育模式之下具体教学方法之上这样一个区间的教育现象，由培养目标、培养过程、培养制度、培养评价四要素组成。

过程说：李志义在《谈高水平大学如何构建本科培养模式》中指出，人才培养模式是人才素质要求和培养目标实施的综合过程和实践过程。也有人认为，人才培养模式是在一定的教育观念、教育思想指导下，按照特定的培养目标和人才规格，以相对稳定的教学内容和课程体系、管理制度和评估方式实施人才教育的过程的总和。

方式说：杨杏芳在《论我国高等教育人才培养模式的多样化》中指出，人才培养模式指在一定的教育思想和教育理论指导下，为实现培养目标而采取的教育教学活动的组织样式和运行方式。也有人认为，人才培养模式是学校为学生构建的知识、能力、素质结构，以及实现这种结构的方式，从根本上规定了人才特征且集中地体现了教育思想和教育观念。

方案说：杨峻等在《面向 21 世纪我国高等教育培养模式转变刍议》中指出，人才培养模式是在一定的教育教学思想、观念的指导下，为实现一定的培养目标，构成人才培养系统诸要素之间的组合方式及其运作流程的范式，是可供教师和教学管理人员在教学活动中借以操作的既简约又完整的实施方案，是为实现一定的培养目标而采取的教育方案和教育方式。

要素说：俞信在《对素质和人才培养模式的基本认识》中指出，人才培养模式是指在一定的教育思想指导下，培养目标、教育制度、培养方案、教学过程诸要素的组合，是一种为实现人才培养目标而把与之有关的若干要素加以有机组合而成的系统结构。

机制说：阴天榜在《论培养模式》中指出，人才培养模式是指在一定的教育思想、教育理论和教育方针的指导下，各级各种教育机构根据不同的教育任务，为实现培养目标而采取的组织形式和执行机制。

系统说：人才培养模式是一个系统，至少包括创新人才的培养模式和人才成长环境两大部分。创新人才培养模式是创新人才培养的核心，是在一定的教学组织管理下实施的，包括培养目标、专业结构、课程体系、教学制度、教学模式和日常教学管理;创新人才成长的环境是创新人才的保证,包括师资队伍、教学硬件和校园文化氛围。高素质的创新人才培养应该是从教师到学生、从观念到制度、从软件环境到硬件环境的全方位、多角度的综合建设。

从我国高等职业教育人才培养模式的发展历史来看,真正严格意义上的高等职业教育开始于 20 世纪 80 年代,这也是我国现代高等职业教育的孕育与发展时期。进入 20 世纪 90 年代中期,在大量吸收和借鉴国外先进的理论和经验基础之上,我国高等职业教育理论探讨和实践探索不断取得新的进展,出现了比较系统的有关培养模式的各种理论,逐步形成了一批相对成熟的人才培养模式,如产学研结合人才培养模式、订单式人才培养模式、以就业为导向的人才培养模式和双证书制人才培养模式。

虽然当前国内外关于高校人才培养改革问题的论著不少,但从总体上看,存在着以下弊端:第一,研究重点主要集中在对人才的理论、现状、教育内容、教育方法等研究上,而较少关注对大学生的情感培养、创新创业教育;第二,对人才培养途径和方法的可操作性等方面的研究还鲜有人涉及;第三,对职业院校、民办高校的人才培养的研究成果比较缺乏。总体来看,单一视角的多,系统研究的少;问题、矛盾提出的多,对策措施提出的少,特别是能系统地上升到政策层面的建议措施更少。

第二节 "创新创业+"形势下人才培养模式课程与实践体系构建

一、体系与课程体系的含义

(一)体系

体系是指"若干有关事物互相联系、互相制约而构成的一个整体"。这里,体系的含义至少包括三个方面的意思:①由若干事物构成,单个事物不能构成一个体系。②这些事物是相互联系和相互制约的,联系和制约存在一定的方式。③所有这些事物构成了一个整体,整体性是体系的基本特性。体系的英文是"system",有"体制"和"系统"的含义。实质上,一个体系作为一个系统而存在,具有系统的整体性特征。

正如"课程"的定义纷繁复杂一样,不同学者从各自的角度及不同的层次出发,对"课程体系"的阐释也众说纷纭。我们先厘清与课程体系密切联系的课程结构这一概念。一些知名学者对"课程结构"的定义可以帮助我们实现对"课程结构"全面而正确的理解。

顾明远认为,课程结构概念包括广义与狭义。广义的课程结构是指"学校课程中各组成部分的组织、排列、配合的形式",要解决的是根据培养目标应开设哪些门类的课程及课程的编排,重点要考虑各种内容、各种类型、各种形态的课程的整体优化,具体体现为教学计划。狭义的课程结构是指一门课程中各组成部分的组织、排列、配合的形式,要解决的是每门课程的教学目标、教学内容、教学组织及教学评价等方面的问题,具体体现为教材(主要是指教学大纲和教科书)。施良方指出,课程结构是指"课程各部分的组织和配合,即探讨课程各组成部分如何有机地联系在一起的问题"。廖哲勋指出:"课程结构是课程内部各要素、各成分、各部分之间合乎规律的组织形式。"它是以课程要素与课程成分为基础,由课程的表层结构和深层结构组成的有机整体。其中,课程的表层结构是指一定学段课程的总体规划的结构,是由一系列学科与若干活动项目组成的整体;课程的深层结构是指一定学段的教材结构,包括每种教材内部各要素、各成分的组合以及各类教材之间的整体组合。杨树勋认为:"课程体系,又称'课程结构',它是课程设置及其进程的总和。"他还指出,我国目前高等教育课程体系的结构模式包含两方面的内容:一是"层次构成",即公共基础课、专业(技术)基础课、专业课、跨学科课程;二是"形式构成",即必修课程、限定选修课程、任意选修课程。在《简明国际教育百科全书·课程》中，与课程结构关系较为密切的词条是"curriculum organization"（课程组织）。该书指出："课程组织是指将构成教育系统或学校课程的要素，加以安排、联系和排列的方式。"鉴于"课程组织"与"课程结构"在内涵上的相似性，深入了解"课程组织"的内涵对"课程结构"概念的认识也是大有裨益的。张华认为："所谓课程组织，就是在一定的教育价值观的指导下，将所选出的各种课程要素妥善地组织成课程结构，使各种课程要求在动态运行的课程结构系统中产生合力，以有效地实现课程目标。"

要正确理解"课程结构"这一概念，深入认识"结构"也是必不可少的。按照一般的理解，结构即事物"各个部分的配合、组织"。结构作为系统科学的一个术语，是指组成一个系统的各个要素间的稳定的相互联系，是系统内要素间的排列组合方式。具体来说，它包括三个含义：①系统内部各组成要素；②要素间的联系方式和相互作用形式；③诸要素的比例关系及其发展变化的条件和规律。从本质上讲，结构可分为两类：自在结构（即自然结构）和人为结构（即设计结构）；而依据结构所揭示事物内在联系的深浅程度这一维度，结构则可划分为形式结构和实质结构两种类型。

在课程结构的研究中，研究者都站在自己的角度讨论课程结构或课程组织，课程结构有时与课程体系混用。本书将课程结构界定为：在一定课程价值观的指导下，学校课程体系中的各个构成要素、要素间的组织、排列形式及各要素间的配比关系。课程结构属于一种人为结构，是人们思想中占主导地位的价值观念在课程实践中的具体体现，是课程体系的主体部分。

（二）课程体系

课程体系也有广、狭义之分。狭义的课程体系特指课程结构，是各种课程之间的组织和配合。例如，在赫冀成等主编的《课程体系与人才培养比较》一书中，他们认为课程体系又称为课程结构，"它是所设全部课程互相之间的分工和配合，是教学计划的核心"。广义的课程体系是在一定的教育价值理念指导下,将课程的各个构成要素加以排列组合,使各个课程要素在动态过程中统一指向课程体系目标(或专业目标)实现的系统。

一般认为,它包括三个层次:一指宏观的专业设置,涉及高等教育的学科及专业;二指中观的课程体系,涉及某专业内部课程体系的问题;三指微观的教材体系,是某个专业内某门具体课程的教学内容。本课题研究的课程体系指中观层面,是高等学校为了达到其专业培养目标而设计、指导学生学习的所有内容及其构成要素的总和。它包括课程在内并以培养方案所设内容为主体部分的学校教育教学系统。西方国家没有"课程体系"一词,"program"与之较接近。卢晓东认为:"program"仅指一个系列、有一定逻辑关系的课程组合,相当于一个培养计划或我们说的课程体系。在美国,专门化的教育是通过主修不同方向的课程来开展的,其组织方式以及隐藏在这种组织方式背后的指导思想与我国有很大区别。不管怎样,从形式上看,"主修"和"专业"都是由不同的课程组织来体现的。可以看出,"不同的课程组织"即课程体系,应该是培养人才的主要方式和途径。如果把高等学校看作一个系统,高等学校课程体系就是在学校教育系统之下的一个二级系统。这样,《中共中央国务院关于深化教育改革全面推进素质教育的决定》提出的课外活动、社会实践活动和校园文化活动等都可容纳在课程体系之中,都是为了一定的教育目的服务,就是情理之中的事了。

由上可见,在课程结构的含义中,广义的课程结构比较接近于课程体系含义。广义的课程结构是指,根据培养目标设置哪些课程,如何设置这些课程,各种内容、各种形式、各种形态的课程的相互结合如何达到整体优化的效应,它涉及专业计划的制订,这是要讨论的课程体系。之所以做这种定位,是因为高等学校课程体系是高等学校培养人才的载体,包含了课程各层面的性质,把课程的知识、目标、计划、学习、评价诸多要素整合为一体。它整合了教育传授文化遗产的功能、服务社会和发展社会的功能、发展智力和培养个性的功能。这一课程体系界定把有关课程的定义框定的内容，如课程即学科知识、课程即经验、课程即计划、课程即社会改造等都融合为一体，为培养高素质的专门人才服务。

课程体系是一个具有特定功能、特定结构、开放性的知识、能力和经验的组合系统，不仅要将内部的要素，诸如各类课程（专业基础课、专业理论课、专业技术课、专业技能课、专业应用课等）联结成一个统一整体，还必须充分体现培养目标和培养规格，适应社会经济发展的需要，反映科学技术发展的现状与趋势，符合学制及学时限制。一个系统通常具有目标、内容和过程，高等学校课程体系可由目标要素、内容要素和过程要素三大部分构成。

高等学校课程体系的目标要素指贯穿课程体系的总目标、课程体系结构目标、课程目标等。课程体系的目标要素是一个系统，以课程体系总目标（或称为课程体系目标）或人才培养目标为总纲。

课程体系的目标要素是由课程结构目标和各门课程的分目标（又称课程目标）等构成的内在和谐的有机整体。课程结构目标是指课程体系中课程组织状态的目标。不同的结构状态可以达到不同的结构目标。课程结构目标是一种过渡性目标，是由课程体系总目标导向课程目标的过渡。课程目标是指导整个课程编制的准则，也是指导教学的重要准则。当然，课程目标与课程体系总目标在本质内容上也是相通的，如两个目标都要体现德、智、体、美、劳等全面发展的教育要求。而在概括性、可操作性、可检测性和使用功能方面却有明显的区别。首先，课程体系总目标在概括性方面高于课程目标。它一旦制定，就要求某一类高等学校的学科（二级学科）的各门课程乃至各项教育活动都要服从这一目标的要求，而课程目标则往往限定在该类学科（二级学科）的培养目标之内。其次，课程目标更具体，更具可操作性。它特别要求目标要体现学科（二级学科）的特点，要通过学科的个性，体现课程体系总目标的共性。课程目标是具体课程编制的指导目标,是课程编制的起点和终点。它的可能性、操作性和可检测性对课程内容、课程结构、课程实施和课程评价都具有指导意义和实践意义。最后,在使用功能方面,课程体系总目标是某一学科(专业或二级学科)人才培养的设计和蓝图,而且要对培养方向、人才规格、适应岗位等提出要求,要体现逻辑性、序列性、阶段性、整合性的特点。而课程目标对课程工作者的要求非常明确,要关注教师的教与学生的学,充分照顾到大学生特点、学科内容及社会需求的关系,具有较强的方向性和规定性。课程体系目标是课程结构目标与课程目标的归总。

内容要素又称课程要素,还可称为结构要素,主要是指课程体系的组成成分、课程的联系方式和组织形式,这是从静态来看的课程体系。这些结构要素主要包括通识教育(普通教育)课程要素和专业教育(专长教育)课程要素及其相互关系和组织方式。这两大要素内含基础课程,专业课程,跨学科课程,理论课程与实践课程,必修课程与选修课程,大、中、小、微型课程,显性课程与隐性课程等。它们之间的比例及关系从不同侧面反映了课程体系的轮廓,也是研究课程体系的主要线索。结构要素应该是具有长远影响的内容,而不是具体的事实、习惯或非常具体化的内容。现代化的课程体系必须是科学知识内容齐全、课程配比合理、时序恰当的综合结构,不仅是形式的,而且是实质的;既有特定内容,也是历史形成的。

因此,课程体系是从宏观、整体和动态上把握课程体系内部的要素及其相互之间的关系,探索课程体系构建的基本理论及其运行规律。

南京师范大学朱小蔓教授指出,学课程的过程就是一个人成长的过程,就是增长经历的过程,就是不断地增加经验的过程。课程完全是学生参与文化活动的过程。课程本质的经验性突出了学生的课程参与,使学习者不再只是课程的追随者,而且也成了课程的主人和占有者。教育是引导个体去领悟生活的艺术。因此,学生的求知欲和判断力,以及控制复杂情况的能力等,都必须靠有机的课程体系来唤起。

课程体系不是一种只有形式而无内容的外壳,而是一个既有思想内容,又具形式结构的育人的"文化场域"。

高等学校教育最终都要落实到一系列培养人才的课程上。一所高等学校,学校系统再好,如果没有作为实体或课程组织形式的整体优化的(或以"专业"为单位的)课程体系加以配合,学校的培养目标就无法实现。高等学校课程体系主要解决两个相关的问题:一是实现培养目标应选择哪些课程及其内容的深度与广度;二是各课程间在内容和呈现方式上如何互相配合和衔接。从宏观上讲,所谓课程改革,首先就要解决好课程体系的整体结构问题。课程改革绝不是增加或减少几门课程的问题,应当多角度、全方位地考察和探究课程体系整体结构。从课程内容上看,要解决好德、智、体等各方面的课程门类、课时比例及其相互关系的问题;从课程范畴上看,要解决好课堂教学与课外活动、社会实践活动的比例和相互关系的问题,正式课程与非正式课程的关系问题;从课程形态上看,要解决好分科课程与综合课程、活动课程的相互关系的问题;从课程类型上看,要解决好必修课程与选修课程的比例和相互关系的问题,在选修课程中又要处理好任选课程与必选课程的关系的问题等。这些问题的解决,都需要处理好课程体系内部的一些结构要素的关系,为学习者成为不同层次、不同类型、不同规格的人才打好基础,使其成为全面发展的人才。

高等学校课程体系是培养未来人才的发展性系统。教育的力量是从整体发出的,课程体系不是由互不关联的独立部分拼凑而成的,它是具有特定功能的指向未来人才发展的系统。教育不是为过去培养人才,高等教育更不是培养被动适应社会发展的高级人才,因此,高等学校课程体系作为影响大学生终生的知识结构和职业适应力,从而影响社会创造力的重要途径,是为人才设计的超越过去、改造社会的发展蓝图。这一设计蓝图不是预先给定的"专业框架",而是大学生根据社会发展需要、学校的实际情况以及自己的兴趣爱好等,在目前条件许可的范围内对自己未来前途的理想谋划,是"以实际选修课程的主干性结构体现其专业和就业方向"的运筹。针对学习者的身心发展要求,高等学校课程体系从强调学习内容到强调学习者的体验和经验,从强调计划到强调人才培养的本质,其根本规定之一就是人是创造的主体。把"人的培养"观念整合到课程体系中,促进人的创造性发挥,才能形成对人的全面发展的终极目标的追求。可见,高等学校课程体系是走向未来的,是发展的,是对大学生未来前途和生活的定向。

《苏联百科词典》对"课程"的解释是:"科学、技术、艺术、生产活动某一领域选定的知识和技能的系统。根据内容分为通识教育课程或专业课程,后者决定人们培养专门人才的业务方向。"这个课程定义框定的范围也是一个课程体系,这样就很容易混淆课程与课程体系的界定。将课程概念与课程体系内涵区分开,有利于教育研究和人才培养思路的厘清。

如此,高等学校课程体系的实质是提供给一个人去占领人类创造和积累的知识世界和选择文明方式的发展蓝图。高等学校通过以课程体系为主体的培养方案的实施,向每一位求学者提供一套学会生存与发展的知识、技能和素质体系。高等学校课程体系犹如大学针对社会的不同需要、向不同学科、专业及层次的学生提供的具有不同营养的"菜谱",每一位学生可以据此选择喜欢的菜单,品尝其"美味佳肴",以汲取自己需要的适合现实和未来社会经济发展的知识、能力和素质。

在人人都可以接受教育的社会,享受到自己需要的教育就是每个人追求的理想。因此,高等学校课程体系是人才培养的总体蓝图,是大学生个体发展的适应指向。

二、创新创业教育课程体系涵盖的内容及模块选择

(一)创业教育课程体系应涵盖的内容

创业是具有创业意识、创业技能和创业资源的主体发现和捕获创业机会,并由此创造出满足社会需求的产品和服务以及实现其潜在价值的过程。创业基本素质包括创业精神、创业心理品质、创业知识与技能三个方面。创业教育课程体系必须涵盖这三个方面的内容:①创业精神,指在创业实践活动中对个体起推动作用的个性意识倾向,主要包括创业的需要、动机、兴趣、理想、信念和世界观等心理成分,表现为一种自强自立的精神,坚信自己能够掌握自己的命运,并能通过自觉的奋发努力,实现自己的愿望和理想;一种艰苦奋斗的精神,不怕困难,勤俭节约,无私奉献,埋头苦干,务求实效;一种开拓创新的精神,有推陈出新的意识,实事求是,与时俱进,不断开创新的局面。②创业心理品质,包括强烈的自立需要和创业欲望,独立性和合作性兼备、敢为性与克制性并存、坚韧性与适应性相依的心理品质。③创业知识与技能,以烹饪专业为例,包括烹调的专业知识与技能、餐饮行业的经营管理知识与技能。后者具体指识别和评估市场机会、制订创业计划、获取资源、新创组织管理等几个环节。

借鉴国外创业教育经验,结合我国高等教育的实践,归纳和总结我国大学生创业教育在课程内容设置上应包括四个方面内容:创业意识、创业知识、创业能力和创业心理品质。创业意识主要包括创业需求、动机、兴趣、理想、信念、世界观的形成和培养,不仅要培养学生的创业自我意识,更要培养学生的创业社会意识;创业知识主要包括专业职业知识、经营管理知识和综合性知识的传授和教学,在传授职业知识的同时,重点是教会学生有效的学习方法,树立主动学习、终身学习的观念和善于运用知识,开阔知识视野的本领;创业能力主要包括专业职业能力、经营能力、独立工作能力以及技术、社交和管理

技能的综合能力;创业心理品质主要包括独立性、敢为性、坚韧性、克制性、适应性、合作性、缜密性、外向型等品质的形成和发展。

(二)我国现有创业教育课程体系的构成

与一般的学科知识传授不同,我国高校开展的创业教育是针对所有学科、专业的学生的,是素质拓展的一部分,也是就业工作的一个组成部分。它不以单独的学科或专业形式对学生开展理论和实践的教学,而以显性课程和隐性课程的配合渗透为特征开展创业理念和创业技能的传播。其中,显性创业教育课程是指高校以直接、明显的方式呈现的课程,通过课堂教学和实践教学向学生传授创业知识,培养创业兴趣,包括学习创业基础理论知识的创业学科课程、开展创业演练的实践课程。隐性创业教育课程是指高校以内隐的方式间接影响学生身心发展、培养学生的创业能力和创业精神的课程,包括可以转化为创业资源的专业课程、强化创业意识的活动课程、营造创业文化氛围的环境课程。两者相互交叉融合,才能形成高校培养学生创业精神和提高创业能力的课程体系。

(三)创业基本素质的具体课程落实

1.以培养学生创业精神为目标的隐性课程建设

(1)通过校园创业环境的长期熏陶,养成大学生的创业意识

高校可以通过校园景观设置、学校广播、校报和校园网等资源,及时宣传国家针对大学生创业而实施的优惠政策,报道创业中涌现的先进人物,为大学生营造良好的政策环境和校园环境,逐渐激发学生的创业意识。

(2)通过活动课程塑造学生的创业心理品质

通过举办创业计划大赛、组织创业协会、办创业论坛和创业沙龙、请企业高层人员到学校做讲座等,促进大学生完善创业需要的心

理品质;通过科技发明大赛激发学生的创造性,通过户外野营生活挑战活动培养学生的自信心,通过户外拓展训练培养合作性和竞争性,为学生创业奠定良好的心理基础。

(3)通过专业课程推动学生掌握专业知识和技能

学生通过所在学科专业的课程学习,储备可转化为创业资源的本专业的专业知识和技能,为创业提供良好的支撑。

2.以培养学生创业能力为目标的显性课程建设

(1)通过创业学科课程掌握创业理论知识

创业学科课程主要包括与创业相关的企业经营管理知识、法律知识、心理学知识等。例如,通过开设"创业学""创业管理学"课程,培养学生具备分析市场、运作项目、筹集资金、企业运营管理等方面的理论知识,使之能在创业实践中准确运用理论知识指导创业实践活动,在创业的不同阶段把握好不同的机遇,从容面对各种问题。通过开设"公司法和合同法"课程,使学生了解在经济社会中与创业相关的现行法律制度,掌握企业在运行过程中的法律与政策问题,熟悉各种创业法律规范,从而使学生能够在创业的过程中运用法律的武器来维护自己的权益,做个懂法、守法的创业者。通过对"创业心理学"的学习,学生能够在今后的创业过程中积极调整心态,做到创业成功时不骄傲,创业失败时不气馁。

(2)通过创业实践课程提高创业实践能力

由于师资力量不强、教学时间不足、教学条件欠缺等原因,当前我国的创业实践课程不多。现阶段大部分高校主要通过经营者角色模拟等方式落实市场调查、创业前期准备、创业步骤实施等实践课程,提高学生的创业实践能力。

第三节 "创新创业＋"人才培养模式实践体系构建

一、"创新创业＋"人才培养模式实践体系构建的现状

(一)创新创业实践教育课程体系不健全

目前,很多高职院校还没有将创新创业教育课程列入人才培养方案,只是对有创新创业意愿的学生开展了创新创业培训,不仅受益面小,学生思想上也不太重视。部分院校虽然将创新创业教育课程列入了人才培养方案,但课时少,没有形成创新创业课程体系,更少有创新创业实践课程,无法满足学生获取创新创业知识、提升创新创业能力的需要。

部分院校创新创业教育仅以就业指导、创业讲座等公选课或兴趣班等形式存在,创新创业课程体系建设没有清晰的思路。专业教学设计里普遍轻视对学生的创业意识、创业精神和创业能力的培养,忽视了大学创新创业教育作为一种多层次的素质教育,应使学生在掌握理论和实践技能后成为具有创新思维和创业能力的高素质人才。

(二)创新创业教育活动体系不健全

据调查,高职院校的创新创业实践活动开展不多,通常是精英式活动,绝大部分学生没有机会体验和参与,没有形成创新创业实践活动体系。

部分院校在就业指导、创业讲座和创业大赛专家指导方面,偏重理论讲授,缺乏必要的实践环节。建设实践教学基地时,偏重建设以专业技能为培养目标的实践课程体系,没有融入创新创业教育的内容。

(三)创新创业教育平台(基地)体系不健全

很多高职院校的创新创业教育起步较晚,即使开设了创新创业

教育实践活动,可都是简单地依托校内实训基地或活动中心开展的,未专门设置大学生创新创业的教育和孵化平台(基地),或简单地设置孤立的创新创业基地,未形成融课程实践、综合实践、顶岗实践和孵化实践为一体的创新创业教育平台(基地)体系。

(四)创新创业教育实践支撑体系不健全

1.创新创业服务机构与平台匮乏

我国创新创业教育起步较晚,很多高职院校没有专门的创新创业教育机构。目前,大部分院校是由就业部门兼顾创新创业教育职能,负责日常创新创业相关的活动,创新创业教育教学通常由商学院或者管理学院负责;部分院校由团委或者学工处负责创新创业教育工作,具体教学则由教学单位或者思想政治教学部门完成,很难抽出专人为学生创新创业实践提供指导,同时缺乏信息化服务理念和投入,更未形成创新创业教育信息服务综合平台。

2.没有形成创新创业实践师资体系

师资是创新创业教育的关键,大学生创新创业很大程度上受教师学识、经验和经历的影响。目前,很多高职院校从事创新创业指导的教师都是辅导员或一些没有专业课程的行政管理人员,日常工作都很繁忙,缺少足够的时间给学生提供创新创业指导服务。此外,他们缺少创新创业实践经验,甚至有些教师的专业跟企业管理毫无关系,这就导致他们在市场机会识别、项目可行性评估、风险预测指导等方面很难达到专业水平。

3.创新创业实践支持体系不健全

一是少有专门的创新创业基金。大学生创新创业的最大困难之一就是资金短缺。很多学生有创新创业热情,也有好的创新创业项目,可因为缺乏创新创业启动资金,只能放弃。个别院校虽然设置了大学生创新创业基金,可总量很小,平均到每个创新创业项目数额更少,对众多想要创新创业的学生来说就是杯水车薪。二是社会对大学生创新创业缺乏援助。创新创业教育的社会性与个性并存,完善的社会支持体系非常重要。近年来,虽然政府出台了鼓励和扶持大学生创新创业的相关政策,但仍很少有社会风险投资商主动或专门对大学生创新创业投资。三是较少企业参与大学生创新创业实践。目前,针对大学生创新创业,学校是教育主体,政府也在积极呼吁和鼓励,而企业作为创新创业实践经验和资源都比较丰富的机构却没有参与其中,很少有企业愿意主动提供机会让学生在企业开展创新创业实践,也很少有企业家主动为学生创新创业实践提供咨询和指导。

二、"创新创业＋"人才培养模式实践体系构建

(一)变革人才培养目标,增强创新创业实践意识

以注重素质和文化建设、技术技能实践、服务社会、突出应用创新和文化创意的教育思想作为引领,造就具有高度社会责任感和创新创业能力优的高素质技能型专门人才,从而谋求创新创业实践教学新突破,实现人才新跨越,大力推进创新创业实践人才培养质量,适应时代和社会发展的要求。

(二)以"学生可持续发展"为导向,构建分阶段进阶式的创新创业教育实践体系

以三个课堂阶段为依托,构建一套进阶式的创新创业教育实践培育体系,拓宽学生创新创业视野。

1.立足第一课堂,培育创新创业实践认识

改革创新创业实践课程设置,面向所有在校生开设大学生创新理论课、创业基础课和大学生职业生涯规划课等课程,同时依托公共选修课的方式,开设大学生职业生涯规划、创新创业风险投资与管理决策等课程,以此建立与本专业核心课程和项目单门课程的联系,拓展学生对创新创业实践的基本认识,提升学生创新就业的软实力,最

终培养学生形成良好的自我创新创业实践意识。

2. 立足第二课堂，实施创新创业实践体验

以第二课堂为依托，锻炼与提升学生创新创业实践基本职业品质。通过强化综合性实践和拓展性实践，柔性化教学管理，以导师制主导实践和学生自选项目选题并组织实施实践这两种方式开展创新创业项目（科研）实践体验，让学生在项目（科研）中获得设计、组织、协调等实践技术能力，成为真正参与创新创业项目实践活动各个环节的主体，如大学生实践创新训练计划、综合毕业设计及成果展示会、各种纵向横向科研课题研究等。

3. 立足第三课堂，实施创新创业实践培育

创新创业实践教育的基本点在于对社会实践的认同。在创新创业实践人才的培养过程中，应以在高校间开展创新创业计划竞赛、校企创新创业实践基地、创新创业孵化基地等多种方式打造实践平台，从而引导与催化学生获得实际创业技能，强化实践动手操作和解决实际问题的能力，让学生与教师共同打造服务平台，创办企业。

三、"创新创业＋"人才培养模式实践基地和平台构建

（一）完善校内实训基地建设

完善实训基地功能，提升实训基地档次和硬件建设。继续打造实现实训中心职业技能运用、职业能力训练和职业素质培养的主要职能，开设面向行业的实训课程，同时承担各种以模拟实际职业环境的训练方式开展的培训，缩短学生与企业岗位技能要求的差距，提升学生的创新创业实践能力，满足多层次人才实训的需求。

（二）打造校内创新创业教育实践平台和载体

创新创业教育实践的困难在于为学生营造客观、真实的创新创业实践环境，提供大学生能够真正地从事创新创业的有效平台和载体。为满足大学生创新创业实践的客观需求，统筹规划校园空间布

局,优化设计三大功能区域。一是规划整修校园内沿街部分商铺、部分活动中心、部分食堂区域,作为大学生开展实体店铺创业与实践辅导的功能区,二是将学校体育馆和图书馆部分空间改造设计成大学生创新创业实践活动中心,作为大学生开展创新创业培训和创业沙龙的功能区,功能区域不仅注重基础条件建设和环境布置,更强化服务功能作用和教育引导,重在为学生搭建真实的创新创业实践平台。

(三)构建创新创业孵化扶持体系

创新创业教育实践贵在完善创新创业扶持体系,提供学生创新和创业的制度保障。成立创新创业指导中心,专门设立大学生创新创业扶持基金,通过对创新创业项目的遴选、孵化、扶持、跟进、指导,使创新创业项目从萌芽、发展,直至壮大,有了一定的市场竞争力,创新创业项目才能健康、持续发展。

创新创业内容涵盖技术研发、文化创意及商务服务等领域,通过项目负责人申报、组织专家遴选申报项目的方式决定最终人选的扶持项目,项目负责人都由学生担任,学生组织团队,写策划书、申报书等,负责人需依次介绍和展示项目创意、团队组织、市场评估、营销策划及运行现状等内容,专家评审认真听取项目汇报,对照评分标准给予项目评级,遴选优秀项目人选扶持项目,项目人需为学生提供创新创业环境,充分发挥学生的创新创业才能。

学校不仅为在校大学生创新创业团队提供创新创业需要的创新创业场所方面的"硬条件",还为在校大学生创新创业团队提供资金、项目、指导和管理方面的"软服务"。

(四)搭建学生校外"众创空间"平台

利用校企合作的资源优势,搭建创新创业教育"众创空间"平台,为学生提供可持续的创新创业发展空间。通过校企合作优势的互补,依托深度合作平台,与企业建立"紧密型"合作关系,广泛建立校外创新创业实践基地。通过校企合作基础为学生拓展专业实践空间和创新创业实践视野,使学生奠定坚实的专业知识、职业素养和创新创业能力。与合作企业建立校企合作创新教学工场,校企合作创新教学工场是学生与企业互通"耦合"的创新载体,其组成结构单元是以学生为主体、教师为指导的"虚拟项目"和社会真实项目。在校企合作创新教学工场中,学生"虚拟公司"的创业实践可以和学业学分挂钩,参加创业实训项目的学生可以获得相应免修课程的资格,真正实现"教学"与"创新创业"的有机耦合。

第四节 "创新创业+"人才培养模式评价体系建设

为了适应现代社会的发展,培养适应社会需求的高素质人才,大学教育必须改变传统教学中以教师为中心的填鸭式教学方法,在教学中广泛吸收和应用现代化教学方法或采取现代化多媒体教学手段。教学方法的革新是提高教学质量的关键。以优化教学效果为核心,以促进学生学习能力提高为宗旨,改革传统的教学方法,大力推行先进的教学手段和方法。在"创新创业+"的教育教学改革过程中,更要特别重视教学过程的教学方法和考核方式的转变,过去教师满堂灌的传统方式已不能满足高职院校的人才培养需求。学校应积极采取措施,如开展各类教学方法的研讨活动,广泛开展启发式、讨论式、翻转课堂等的参与式教学,开展"以训带学、以研促学、以赛助学",将学生带入教师的科研课题中学习,带入各种大赛里学习,注重培养学生的批判性和创造性思维,激发创新创业灵感,根据不同的学生需求开展分类分层学习,充分利用现代信息技术开展在线学习,鼓励学生自主学习,且创造条件将学生参与的各类活动和在线学习、自主学习纳入学业成绩考核中等。同时需改革学生教学评价模式,建立新的教学质量评价体系,改变传统的"以理论考试成绩为主、以期末考试成绩为主、以任课教师评价为主"的评价模式,建立以"培养学生综合素养和职业能力"为主线的人才培养模式。评价模式的改革,有利于树立全面的"人才观",推动"教学模式"和人才培养模式的改革创新。

一、"教案"变"学案"模式

"学案导学"是以让学生学会学习、学会创新为宗旨,打破过去只以教案教学的常规。以学案为载体,通过"先学后教,问题教学,导学导练,当堂达标",让学生直接参与、亲身体验和感悟知识形成的过程,探索发现问题、解决问题、形成结论、创新知识程序和方式方法。在整个教学过程中,教师不是"授人以鱼",而是"授人以渔";不是奉送真理,而是教学生探索真理。这种做法,划清了传统教育与现代教育的界限,对培养学生的创新精神和创新能力具有重要意义。

"学案导学"是以"学案"为载体、"导学"为方法、教师的指导为主导、学生的自主学习为主体,生生、师生共同合作完成教学任务的一种教学模式。通过学生的自主学习,培养学生的自学能力,提高教学效益,让学生真正学会学习,成为学习的主人。

(一)学案导学过程

学案导学的过程一般分为五步。

1.教师编"学案"

教师对学案的设计,应从教材的编排原则和知识系统出发,认真地分析研究课程标准(大纲)、教材和教参资料以及所教学生的认知能力和认识水平等,合理处理教材,学案设计尽量做到重点突出、难点分散,达到启发和开拓学生思维、增强学生学习能力的目的。

2.学生自学教材

完成学案中的有关问题是学案导学的核心部分,它要求教师将预先编写好的学案,在课前发给学生,让学生明确学习目标,带着问题预习。同时,教师在学生自学过程中应提供适当辅导。

3.讨论交流

在学生自学的基础上,教师应组织学生讨论学案中的有关问题,引导学生对教学中的重点、难点问题展开讨论交流,形成共识。教师应及时汇总学生在讨论中不能解决或存在的共性问题,以便在精讲释疑时帮助学生解决。

4.精讲释疑

精讲释疑就是在学生自学、讨论交流的基础上,教师针对教学重点、难点及学生在自学交流过程中遇到的问题,重点讲解。

5.练习巩同

练习的设计应紧扣本节课的教学内容和能力培养目标及学生的认知水平。练习题要求学生当堂完成,让学生通过练习既能消化、巩固知识,又能为教师提供直接的反馈。教师应及时发现练习中出现的问题,给予指正,做出正确的评价。

(二)"学案"环节

"学案"可分为学习目标、诊断补偿、学习导航、知识总结、当堂达标测试五个环节。

1.学习目标

目标的制订要树立"一切为了学生发展"的新理念,针对本节的课程标准,制订出符合学生实际的学习目标;目标的制订要明确,具有可检测性,且与本节当堂达标题相对应。

2.诊断补偿

首先,设置的题目重在诊断学生掌握和新知识有联系的旧知识的情况,目的是发现问题后补偿教学,为新知识的学习扫清障碍;其次,有利于导入新课,激发学生的学习兴趣。

3.学习导航

学案的设计思路:①树立"先学后教"理念,学案要以"学"为中心去预设,主要解决学什么、怎样学的问题。②教师在设计本部分内容时,要用学生的眼光看教材,用学生的认识经验去感知教材,用学生的思维去研究教材,充分考虑学生自学过程中可能遇到的思维问题。③给学生充分的学习时间,学完每个知识点后,要配以适当的题目做训练,使学生理解和掌握所学的知识。

4. 知识总结

当堂形成知识网络,及时复习,力避遗忘。最好是学生自我总结。

5. 当堂达标

紧扣本节课的学习目标,选择能覆盖本节课所学内容的题目,对学生开展达标测试,以查看学生本节课的学习效果,同时针对学生反馈情况及时补偿教学。难度不可太大,以考查知识的掌握及运用为主。

强化学生的自学行为,充分发挥学生的主体作用,通过引发、诱导、启迪、导学、导练,把学生由听众席推向表演舞台。让学生在动眼看、动脑思、动耳听、动口说、动手做的过程中,参与知识创新的过程,自我领悟知识的内涵,从而牢牢地掌握知识,学会学习,学会创新。在广泛学习中外现代教学理论的基础上,密切结合本校教学实际,创新性地构建了"自主探究,学案导学"课堂教学模式。使用学案改革教案,变以教师为中心为以学生为中心,变重知识传授为重能力发展,学案导学教学模式是对传统教学方式的一次本质意义的革命。它以学生的自学信息反馈为依据,以师生活动为载体,以发现问题、自我探究为主线,以学生的多种能力的养成为目标,注重对学生开展学法指导和学习策略教育,有效地弘扬了学生的主体性,体现了现代教育的特征。

二、"网络环境下的自主课堂"——蓝墨云班教学模式

蓝墨云班课是一款可以供广大高校教师和学生在计算机上使用

的教学工具,利用蓝墨云班课,教师可以提升与学生的沟通和互动效率,开展微课或翻转课堂教学,让课堂变得更加生动有趣。在任何移动设备或 PC 上,教师都可以轻松管理自己的班课、管理学生、发送通知、分享资源、布置批改作业、组织讨论答疑、开展教学互动。

学校充分利用师生的"自带设备",积极探索移动互联网环境下课程教学的新模式、新方法。开发私播课课程,利用蓝墨云班课移动教学助手开展线上线下相结合的混合式教学。"线上",学生自定步调完成基础知识学习并参与讨论、参加自测;"线下",学生在教师的引导下,通过小组讨论、演讲汇报、场景模拟等实践教学。通过挖掘学生学习行为的大数据,加强对学生的学业预警和过程性评价。开展混合式教学既有利于因材施教,促进学生的个性化学习,又培养了学生的团队合作精神,使其在轻松有趣的环境中学习知识,发展能力,教师信息化教学能力也不断得到提高。

(一)线上自主学习活动具体实施过程

线上自主学习活动具体实施过程为六步。

1. 通知发布

通过蓝墨云班课的通知功能发布学生课前自主学习任务,同时预告课上的学习活动内容,以便让学生做好充分准备。

2. 资源上传

将学生自主学习资源上传至蓝墨云班课,包括教学课件、教学视频、扩张资源、自主学习任务单等。

3. 讨论答疑

学生自主学习后,师生、生生在蓝墨云班课讨论答疑区开展同步或异步的讨论交流,解决疑惑、加深理解。

4. 课前自测

学生自定步调完成自主学习后,前往蓝墨云班课测试区参加课前自测,了解自己对自主学习知识的理解和掌握程度。

5.敦促监控

利用蓝墨云班课的大数据分析功能,了解学生课前自主学习的任务完成情况,敦促没有完成任务的同学完成课前自主学习。

6.归纳反馈

学生通过自主学习和讨论交流,归纳课前所学,而且反馈仍然存在的困难和疑惑。

(二)线下课题学习活动组成

线下课题学习活动有四个步骤。

第一,利用蓝墨云班课的调查问卷活动开展与课程主题相关的问卷调查,让学生对调查结果开展小组讨论并形成总结。

第二,让学生利用蓝墨云班课的头脑风暴功能列举所学的知识点,一方面可以训练学生的理解能力,另一方面有利于学生的思维训练。

第三,学生汇报小组讨论的成果,同时开展小组互评或教师评价。

第四,一堂课结束后,让学生利用蓝墨云班课头脑风暴功能反思、归纳本堂课所学,具体包括学到了什么,还有什么疑惑,印象最深刻的是什么,课上最无聊的是什么。

在使用蓝墨云班课教学的过程中,讨论答疑贯穿教学的整个过程,突破时空限制,实现任意时间、任意地点的学习。

学习效果:①学生的学习行为发生了变化,蓝墨云班课的学习预警功能和经验值功能,使得学生积极地去学习提供的学习资源,参加老师开展的各种教学活动;②学生体验,由传统的教师讲授为主的课堂转变为以教师为主导、以学生为主体的教学,课堂活动丰富,学生体验到了学习过程的乐趣。通过半个学期的实践,学生的课堂变得越来越积极、活跃。

第四章

互联网时代下的高校创业者与创业团队

第一节　大学生创业者

一、大学生创业者的基本素质

（一）创业者与企业家精神

"创新理论"的鼻祖约瑟夫·熊彼特赋予创业者以"创新者"的形象，认为创业者的职能就是实现生产要素的新组合。他认为，创业是实现创新的过程，创业者就是创新者。

创新的主要动力来自企业家精神，成功的创新取决于企业家的素质。企业家从事"创新性破坏"的工作动机，固然是以挖掘潜在利润为直接目的，却不一定完全出自个人发财致富的欲望。约瑟夫·熊彼特认为，企业家与只想赚钱的普通商人或投机者不同，个人致富充其量仅是其部分目的，而最突出的动机来自"个人实现"的心理，即"企业家精神"。因此，约瑟夫·熊彼特将"企业家精神"总结为四个方面：第一，建立私人王国的梦想和愿景。企业家都是开拓者，其创新的动机与进入社会高级阶层、获得社会地位和名望的强烈愿望和梦想有关；第二，在利润和金钱之上的对胜利的热情。企业家"存在征服、战斗的意志和证明自己比别人优越的冲动，他们求得成功不仅是为了成功的果实,而是为了成功本身",因此,利润和金钱仅作为成功的指标和胜利的象征才受到重视,却只是次要的考虑而已;第三,创造的喜悦。企业家"存在创造的欢乐,把事情做成的欢乐,或者只是施展个人能力和智谋的欢乐。他们这一类人主动寻找困难,为创新而创新,以冒险为乐事",因此,企业家是典型的创造创新乐观主义者而非物质消费享乐主义者;第四,坚强的意志。企业家(创新者)坚信今天的努力可以换取明日的成功,因而都具有坚强的意志和坚韧不拔的奋斗精神。

创业之路是充满艰险与曲折的,是"九死一生"的行动,创业者要获得成功,就必须培养企业者精神。

(二)大学生创业者必须具备的企业家素质

企业家素质是塑造企业家精神的前提,大学生创业者首先要具备企业家的素质,通过创业过程中的千锤百炼才能磨砺出企业家精神。

1.强烈的创业意识

创业意识是产生创业欲望的动机,是实施创业行动的强大内在驱动力,是保证创业成功的基石。作为创业者,首先要打破因循守旧的传统思想、观念、意识、思维樊笼。确定了思想意识大方向才能意志坚定地向前。没有创业意识,你就不会主动投身创业行动,即使被动地走上创业之路,也像在茫茫大海中看不到航标的盲行,必将迷失方向,甚至撞到暗礁。因此,想要创业的大学生必须树立和强化创业意识,做好创业的思想精神准备,才能使创业想法顺利变成自觉的行动,且保证少走弯路,取得成功。

2.坚强的创业意志

胡润百富榜的创始人胡润将成功创业者的素质概括为诚信、把握机遇、创新、务实、终身学习、勤奋、领导才能、执着、直觉和冒险等十大要素。而李开复认为,一个好的创业者需要具备十项能力素质,即强烈的欲望、超乎想象的忍耐力、开阔的眼界、善于把握趋势又通人情事理、敏锐的商业嗅觉(即商业敏感性)、拓展人脉、谋略、胆量、与他人分享的愿望、自我反省的能力。"执着""超乎想象的忍耐力"等指的就是创业的意志品质。

创业意志包括牺牲精神和强大忍耐力,坚韧执着。有了创业意识和欲望,却没有行动力和牺牲精神,创业就不能实现。对常人而言,忍耐是一种美德,对创业者来说,忍耐却是必须具备的品格和心理素质。在创业的路上,付出怎样的代价,付出怎样的努力.忍受了多少别人不能忍受的憋闷、孤独、痛苦、失败,甚至屈辱,这种心情只有真正创过业的人才会有最切身的体会,而这一素质正是准备创业的人必须具备的。老话说"吃得菜根,百事可做",对创业者来说,肉体上的折磨算不得什么,精神上的折磨才是致命的。因此,面对创业中的艰难险阻,坚韧不拔的耐性和执着,永不言弃的精神,是创业者首先应该具备的素质。若想自主创业,一定要先在心里问一问自己,面对从肉体到精神上的全面折磨,你有没有宠辱不惊的"定力"与"精神",有没有百折不挠的强大身心素质?如果没有,你就不适合创业,创业也不适合你。对很多人来说,一辈子给别人打工,或者在体制内实行岗位创业,或许是一个更合适的选择。

3. 顽强的创业精神

创业精神是企业家精神的一种体现,它既是创业的动力源泉,也是创业者的精神支柱,是成功创业的前提。一般来说,创业的道路不会一帆风顺,而是充满困难和荆棘。没有创业精神就不会有创业行动,即使有创业行动,也往往会半途而废。因此,顽强的创业精神对成功创业至关重要。创业精神主要包括创新精神、冒险精神、诚信精神、务实精神等方面。

(1)创新精神

创新精神是创业精神的精髓,包括创造动机、创造兴趣、创造情感和创造意志。它可以使创业者充分发挥潜能,打破条条框框,打开创新局面。创新与速度是"互联网＋"环境下创业企业发展的真正内涵，是市场竞争的不败法则。在"大众创业"的环境下如何"求新"是每个创业者都应该思考的问题，包括技术创新、管理创新、营销创新、产品创新等，在互联网环境下，有些创新甚至是颠覆性的，但更多的创新可能是局部的微创新。企业的微创新极为重要，持续的微小创新，一点一滴的优化，终会带来企业的升级。发现生活工作中的"痛点"，填补传统模式下的空白，带给创业者的是"填空效应"，这就是创新。"互联网＋"任何行业都是一个新的突破点。精益求精的工匠精神、简约极致的用户体验、产品人格化的人文关怀，都是创业中创新精神的表现。创小业只需要有能力，创大业更需要有人格魅力；创小业只需要有胆量，创大业更需要有胆识；创小业只需要有技巧，创大业更需要有智慧。因此，创新需要创业者综合具备人格魅力、胆识与大智慧。

（2）冒险精神

冒险精神是创业精神和企业家精神的一个重要组成部分。创业必然伴随风险，困难也相伴而生。只有敢于冒险并抓住机遇，创业才有可能成功。创业本身就是一项冒险活动，面临各项选择尤其是重大决策时没胆量不行，很多创业者在创业的道路上，都有过"惊险一跳"的勇敢冒险经历。可创业毕竟不是赌博，冒险迥异于冒进。冒险是这样一种东西，你经过努力，有可能得到，而且值得你得到。否则，你只是冒进，无知的冒进只会使事情变得更糟。

（3）诚信精神

诚信是创业者的立足之本，是创业者的必修课。"80后励志网"在2016年组织的一次关于"成功创业者的素质和能力"调研中，所有参与的企业家都认为诚信非常重要。做事首先是做人，做人必须讲诚信，没有诚信不可能赢得客户的口碑和吸引风险资本，没有诚信不可能创造财富。创业者在创业过程中必须做到讲求诚信，合法赚钱、不偷税漏税、履行社会责任。只有诚实守信才是企业长久持续发展的有力保障,否则即使得急于一时,最后也会寸步难行。

（4）务实精神

创业是一项需要全身心投入的事业,不是小打小闹,要想创业成功必须具备积极的态度和务实的精神。勤奋几乎是所有创业成功者的普遍特征,身先士卒,勤奋不辍,面对工作全力以赴、追求卓越。通过务实、恒心、毅力和进取,建立起自己过硬的技术、产品或服务,取得市场和消费者的认可和信赖,这是企业长盛不衰的保证。创业,有起点的高低、起步的早晚、路径的好坏,唯独没有捷径,因而不能自视太高,必须低调务实。理想的创业者应兼具鹰和蜗牛的特质,而做一个低调务实的创业者,也能走得更远。

二、大学生创业过程应具备的核心能力

（一）创业机会识别能力

创业是发现市场需求,寻找市场机会,通过投资经营企业满足这种需求的活动。创业需要机会,机会要靠发现,在茫茫市场经济大潮中要想寻找到合适的创业机会,需要创业者具备识别与选择创业机会的能力。创业机会识别对创业决策起着至关重要的作用,创业机会识别是从未发现创业机会到发现创业机会中间的这个过程。

如何识别创业机会是创业者在成功创业的路上首先要解决的问题。好的创业机会,必然具有特定的市场定位,满足于这一特定市场的顾客需求,同时能为这些顾客带来增值的效果。要想寻找到合适的创业机会,创业者应能在现有市场机会和潜在市场机会、行业市场机会与边缘市场机会、目前市场机会与未来市场机会、全面市场机会与局部市场机会中识别出自己的细分市场机会。

创业要善于抓住好的机会,把握住了每个稍纵即逝的创业机会,就等于成功了一半。发现创业机会的方法,具体表现在几个方面:变化就是机会,从"低科技"中把握机会,集中盯住某些顾客的需要就会有机会,追求"负面"（大家"苦恼的事"和"困扰的事"）和抓住"痛点"

"刚需"就会找到机会。

在现实经济社会中,各行各业都有适合于创业的机会,但需要认真甄别。创业者需要借助"机会选择漏斗",经过一层又一层的筛选,在众多机会中筛选出真正适合自己的创业机会。当然,创业者不仅要善于发现机会,更需要正确把握且果敢行动,将机会变成现实的结果,这样才有可能在最恰当的时候出击,获得成功。要通过着眼于问题、利用变化、跟踪技术创新、在市场夹缝中寻找、捕捉政策变化、弥补对手缺陷等手段把握机会。

(二)创业资源整合能力

创业资源是指创业者在创造价值的过程中需要的特定的资产,包括有形与无形的资产,是创业者创立和运营企业的必要条件,主要表现为人才、资本、机会、技术、渠道、客户、管理模式,甚至创业精神、独特创意以及社会关系等。创业者能否成功地开发出机会,进而推动创业活动向前发展,通常取决于其掌握和能整合到的资源的多少,以及对资源的利用能力。许多创业者早期能获取与利用的资源都相当匮乏,而优秀的创业者在创业过程中体现出的卓越创业技能之一,就是创造性地整合和运用资源,尤其是能够创造竞争优势并带来持续核心竞争力的战略资源。企业的核心竞争力就是对资源的整合能力,对资源的整合能力越强,核心竞争力就越强。因此,创业者必须具备较强的创业资源整合能力。

整合创业资源首先必须明确创业必须具备哪些资源,再分析已有资源、缺少的资源和资源类型,以及如何寻找资源;然后再次设定目标、拟定执行计划,为如何整合缺少的资源制订策略和方案,从而明确资源整合方式,发挥资源杠杆效应,设置合理利益机制,步步为营,整合好人财物等方方面面的资源。

(三)规避创业风险的能力

在市场经济大潮中,机会和风险共存,创业是一种开创新事业的活动,创业过程充满了各种未知数和不确定性,面临着各种各样的风险,如项目风险、市场风险、管理风险、财务风险、技术风险、政策法规风险等。根据风险与收益的均衡理论,创业者要想得到较高的收益就必须冒较大的风险,要想冒低风险往往只能得到较低的收益。创业者必须直面风险,敢于冒险,既不能害怕风险,坐失有利的收益机会,又不能不顾风险、盲目决策给自己造成不必要的损失。因此,创业者必须具有良好的评估风险、驾驭风险和规避风险的能力,采取适当的行动和有效的方法策略来分散和降低创业风险。

有效规避创业风险,除了需要创业者的胆识和判断力外,在具体谋划过程中必须注意三点:第一,项目选择前要做好充分的市场调研,综合、及时地了解产业市场环境及其变化。例如,刚毕业的大学生想回乡创业,准备投资开办高档灯具品店,他首先要考虑的问题,就是在他所处的这个区域有没有同类产品的消费市场、市场容量有多大、市场可否进入等,这些都需要充分的市场调研。第二,必须选准创业投资项目。通常创业项目选择要考虑三个要素,即需求、专长和资源。专长是创业者自身主观方面的因素,而需求和资源则需要通过市场调查。尽量选择自己熟悉或有专长的行业,同时学会避热就冷,寻找"潜力"机会,在市场调查的基础上专注做一件事,起步时不能贪大求全,可以简单"试错",比如开发了一个产品,就可以请同学试用,听取意见,看看产品受欢迎的程度以决定是否投向市场。第三,要准备好"退路"。要未雨绸缪,时刻关注市场动向,多层次、全方位地分析判断每一个不确定性因素可能带来的风险,拟订一套乃至几套应对方案,做风险组合搭配,实施风险转移分散,把风险始终锁定在可控范围,不致造成灾难性损失。

大学生创业者在创业过程中需要具备的能力还有很多,如技术能力、组织协调能力、人际交往沟通能力等。这些素质能力有些是天生的,但大多数是通过后天的努力培养出来的。创业者与创业团队的素质、能力等因素相互联系、相互交织。创业者需要的是综合素质和能力,每一项素质和能力都很重要。无论缺少哪一项素质和能力,都必然影响创业事业的发展。大学生创业者必须从现在做起,时时砥砺,努力学习知识,增长见识,培养自己的创业综合素质和能力,只有这样,你的创业创新事业才能成功壮大。

第二节　大学生创业团队建设

一、创业团队及其组建

据相关调查,70%创业成功的企业都有多名创始人。其中,创始人在2~3人的占44%,4人的占17%,5人以上的占9%。目前,60%以上的创业活动都是以团队形式开展,尤其是在高科技领域,团队创业比个体创业更多。事实证明,选择合理的创业模式,组建卓有成效的创业团队是创业成功的重要基础。只要施以有效管理,创业团队的工作绩效大于所有成员独立工作的绩效之和。没有团队的创业不一定会失败,但要创建一个没有团队而具有高成长性的企业却相当困难。

创业团队是一种特殊的群体,它是由两个或两个以上具有共同创业理念、价值观和创业愿景,相互信任,为了共同的创业目标,团结合作,共同承担创建新企业责任而组建的工作团队。创业团队是整个企业的脊梁,团队的好坏决定了企业的兴衰成败。创立小微企业更应重视创业团队的建设。

(一)创业团队及其重要作用

创业团队是在创业初期(包括创业企业成立前和成立早期),由一群素质能力互补、角色分配明确、责任风险共担、甘为共同的创业目标而努力奋斗的创业者组成的群体。

一个具有高度凝聚力的创业团队对企业的成功创立、企业的生存率及企业的发展潜力都具有非常重要的影响。俗话说"三个臭皮匠,顶个诸葛亮","三个臭皮匠"胜过足智多谋的诸葛亮就是因为三个或多个皮匠精诚团结、高效合作的结果。

为了避免在创业过程中少走弯路,创业者在注册公司前需要组建形成自己的创业团队,创业团队构成的要素包括目标、定位、职权、计划和人员,通过制订团队的目标,明确团队的定位,完善团队成员的责任和权利,制订创业团队达到最终目标的行动方案和工作程序,从而保障企业从创业一开始就能实施规范化运营和管理,实现最终目标。

(二)创业团队的组建模式

创业团队的组建模式一般有三种:关系驱动模式、要素驱动模式和价值驱动模式。只要创业团队与创业项目、拥有的资源及其所处的行业匹配,选择哪种创业团队的组建方式都是可行的。不过,不同的团队组建模式适用的条件不尽相同。如果盲目照搬照套某种组建模式,会给创业企业带来巨大风险。

1. 关系驱动模式

关系驱动模式是指以创业领导者为核心的人际关系圈内成员构成团队。他们因为经验、友谊和共同兴趣结成合作伙伴,彼此发现商业机会后共同创业。这是目前应用最为广泛的创业团队组建模式,且与中国文化的特点相契合,其团队的稳定性相对较高。不过,关系的远近亲疏经常会成为制约团队发展的瓶颈。

2. 要素驱动模式

要素驱动模式是指创业团队成员分别贡献创业所需的创意、资源和操作技能等要素。由于这些要素完全互补,团队成员之间处于相对平等的地位。这一模式比较符合西方文化特点,现在的互联网创业团队大多属于这种模式。如果成员之间磨合顺利,可以缩短企业成功所需的时间;而如果磨合不顺利,就很容易解散。

3. 价值驱动模式

价值驱动模式是指创业成员将创业视为一种实现自我价值的手段，他们的使命感和成功的欲望都很强烈。这一模式下组建的团队，其成员虽然是为了追求自我实现组合在一起，而一旦产生分歧，就是"路线"斗争，没有妥协的余地。

(三)组建创业团队的原则

1. 充分考虑各种影响因素

组建创业团队时，首先要考虑多种因素的影响，如创业者的能力和思想意识(从根本上决定由哪些人组成团队)、团队成员间的互补和互信(这是组建团队的必要条件和基础，决定了创业团队的整体能力和发展潜力)、商机(不同类型的商机要依托的创业团队类型不尽相同)、各种外部环境(包括制度法律环境、基础设施服务环境、经济金融环境、社会文化环境、市场竞争环境、资源科技环境等)，根据实际情况组建相对最好的团队。

2. 目标和价值观明确一致

著名心理学家马斯洛指出，杰出团队的显著特征是具有共同的愿景与目标。凝聚人心的愿景与经营理念，是团队合作的基础。目标则是共同愿景在客观环境中的具体化，能够为团队成员指明方向，是团队运行的核心动力。因此，一致的目标和共同的价值观是组建创业团队的前提。团队成员若不认可团队目标，就不可能全心全意为目标的实现而与其他成员相互合作、共同奋斗，而不同的价值观将直接导致团队成员脱离团队，削弱创业团队作用的发挥。这样的团队即使组建起来，也无法有效发挥协同作用，没有战斗力。因此，组建创业团队时，首先必须树立明确合理、切实可行的目标，让准备加入的团队成员清楚地认识到共同的奋斗方向，且在目标的激励作用下树立和形成共同的价值观，这样才能组建成功与目标和价值观完美匹配的团队。团队成员的选择切忌随意性和偶然性。

3.精简高效、互补相长

英国学者梅雷迪思·贝尔宾曾经考察了 1000 多支团队,研究理想创业团队的构成,于 1993 年总结提出了九种角色类型,即成功的团队必须包含九种不同角色的人,分别是:①提出创新观点且做出决策的创新者;②将思想转化为行动的实干者;③分类目标,开展角色职责与义务分配的协调者;④促进决策实施的推进者;⑤引进信息与外部谈判的资源调查者;⑥分析问题与看法并评估别人贡献的监督者;⑦给予个人支持并帮助他人的凝聚者;⑧强调任务的时效性并完成任务的完美主义者;⑨具有专业技能和知识的专家。他们分别负责行动导向(执行团队任务)、人际导向(协调内外部人际关系)和谋略导向(发想创意)三类任务活动。而在创业初期,创业团队不可能完全拥有上述九种角色的人才,因而为了减少创业期的运作成本、最大比例分享成果,创业团队成员的构成应在保证企业高效运作的前提下尽量精简,完全可以一个人兼任不同角色,成员之间也还可以轮换担任不同角色。另外,创业者之所以寻求团队合作,其目的就在于弥补创业目标与自身能力间的差距,因而只有当团队成员相互间在知识、技能、经验、性格、角色、作用等方面实现互补时,才能在相互协作中发挥出"1+1＞2"的协同效应,从而实现组建团队的根本目的。

4.相对稳定、动态开放

创业过程是一个充满了不确定性的过程,随着企业的初创和成长,团队中有人可能因为能力、观念等多种原因离开,同时又有新人加入,因此,团队要在创业过程中保持动态开放,在保持团队成员相对稳定和适度规模(一般认为,创业团队的规模控制在 2～12 人最佳)的前提下,优胜劣汰,使不合适或不大适合的人离开,素质能力更强更适合企业发展的人加入,从而使创业团队始终有真正匹配的成员被吸纳进来,保证团队的激情冲劲、高效运转和不断优化。

(四)组建创业团队的步骤

创业团队的组建是一个相当复杂的过程,不同类型的创业项目需要的团队不一样,因而创建步骤也不完全相同。概括来讲,创业团队的组建程序大致如图 4-1 所示。

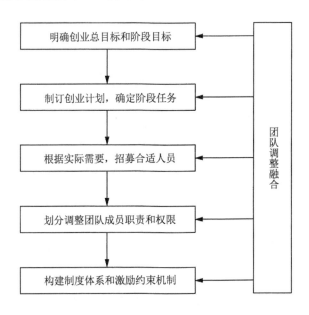

图 4-1　创业团队的组建程序

二、大学生创业团队

(一)大学生创业团队的特点

大学生(包括在校大学生和毕业五年内的大学毕业生)创业团队的成员组成结构通常有三种:①"在校大学生＋在校大学生"模式。该类创业团队依托于校园资源,积极向校外扩展,其成功率与发展趋势很大程度上取决于团队内部的人员分工。②"在校大学生＋就业人士"模式。该类创业团队既能得到一定的政策优惠,又具有一定的社会经验,具有较大的发展潜力。③"就业人士＋就业人士"模式。该类团队具有一定的实践经验与创业资源,创业成功率较高,如新东方教育科技集团的创业团队。

在校大学生创业团队指前两种,多是由一些因私交很好而在一起的伙伴(包括伙伴介绍引荐而来的某一方面紧缺人才)而组成,如朋友、同事、同学、校友等。凭人际关系来寻找共同创业的伙伴,或是有相似的理念和观点(如具有相近技术研发背景的人),基于对某一技术的狂热而结合。可以说,人际上的交集成为创业团队成员最重要的条件,其次是技术背景上的交集。

仅就纯粹在校大学生组建的创业团队而言,与一般的大学生社团不同,与企业创业团队也有较大差异,具有自身的独特性。

1.团队成员有共同的理想和创业的激情

拥有一定专业知识和技术基础的在校大学生,为了更好地实现自身的社会价值和人生追求,组建创业团队时因为共同的理想和创业的激情走到一起开展创业实践,团队成员的个人目标与创业团队的愿景基本一致,认同团队的努力目标和方向,大家拥有共同的价值观,创业团队因而具有良好凝聚力。

2.团队内部具有模拟的企业组织模式

因为拥有自己的创业项目,涉及项目的资金筹措和使用、市场开发和营销、生产和经营等管理活动,因而在校大学生创业团队有较明显的企业管理设计模式,设计有总经理和财会、市场、企划、技术、生产等专业管理部门或主管人员。

3.团队成员在专业知识和技能上具有互补性

创业团队的领军人物往往是最具激情、号召力和创造力,且负责组建团队的学生,团队成员来自不同学校或同一学校的不同专业,在专业知识和技能上具有一定互补性,在创业项目(企业)运作中有比较明确的分工,有利于实现取长补短、优势互补。这种跨专业的分工合作有利于促进创新性思维和成果的产生,也激发了每个成员的创造力和个人潜能,成员之间的知识和信息共享丰富了团队的知识面和信息量,从而提高了创业活动的效率。

(二)大学生创业团队存在的问题

据调查,创业团队很难保持不变,82%创业团队的核心成员离开企业,其主要原因有个人规划和企业发展冲突(占 40％),利益分配不均而产生变动(占 30％),内部人员分歧和管理结构调整(分别占 18％和 12％)。大学生创业团队无法顺利熬过公司成立的头五年,以及创业团队产生分裂、人员流失率高是一种普遍现象。其原因除了团队成员能力与发展方向和组织要求不适应外,更多的矛盾冲突源于初始阶段向正常经营阶段过渡时的团队管理不善,这与创业团队的组建缺少明确的规划有很大关系。创业团队在建立之初缺少明确的目标,对各个岗位的职责和权限划分不清,容易导致在工作过程中产生摩擦。随着创业规模的不断扩大,许多创业初期的运营和利益分配模式可能不再适应发展,导致核心成员离开,不仅带走了企业核心技术,带走优秀员工,甚至成为本企业的竞争对手。

1. 创业团队稳定性不高

大学生在毕业时有诸多道路可以选择,如就业、考研、出国深造等方面的风险远小于创业,若在创业时决心不大、信心不足、意志不坚,就较易选择放弃。有的成员因创业中事务过多而影响了正常的专业学习,造成学业上的挫折而离开创业团队。大学生创业团队的建立动因在于对项目的良好预期,而理想和现实总是存在差距,当创业受到现实挫折时,一些对创业结果期待较高的大学生易在心理上产生波动,影响团队的稳定性。另外,随着企业规模扩大,一些创业团队成员缺乏持续的学习精神和吃苦耐劳的品质,导致后续发展能力不足,当初的创业激情和意志消磨殆尽,成为企业发展的阻力,因而被自然或强制淘汰。

2. 人员组成不科学,制度不完善

大学生在组建创业团队时,容易忽视团队领军人物的个人创业素质与能力,往往以出资多少、年纪大小、关系远近或者最早识别到商机的发起人确定为创业团队领军人物,过于简单、过于依赖情感关系。企业在成长过程中一旦遇到重大问题,没有核心人物迅速做出

决策,凝聚团队成员共识,更无法带领团队走出困境。由于经验不足,组建团队时也没在真正意义上筛选团队成员,成员往往只是因为同学、朋友等关系才确立,如许多大学生创业团队成员来自同一专业领域,或者同校,甚至同班。虽然志同道合,相互之间更加了解、信任,可由于他们拥有的知识、技能、经验相似且重叠程度高,获取资金、人脉等创业资源贡献有限,很大程度上影响了团队对素质技能互补的要求,成员之间的分工也无法明确,不利于企业成长;由于一开始的信任,相关制度的制订也没有引起重视,碍于人情,即使有制度也无法落实。如创业之初没有制订明确的利润分配等激励方案,没有设计好创业后期发展和管理中的职位、权利激励机制和明确的惩戒措施等。创业企业的成立需要一定的资金支撑,很多创业团队建立之初是通过大家分摊项目需要的资金或每个人根据自身经济状况投入不同份额的资金,为后面的利益分配矛盾埋下了伏笔。随着创业的进展、利润的增加,弊端逐渐显露,容易引起冲突,使得创业团队离散。

3.性格差异、理念不合导致矛盾

大学生在创业过程中,因为心理不成熟而导致遇到问题时无法合理解决的情况也会存在。性格的差异、理念的不合在刚开始创业时会被掩盖,而随着项目的开展,成员的思维、性格不同导致目标和价值观出现冲突,如果得不到很好的沟通,就会导致成员之间不必要的隔阂,"1+1<2",最后造成团队解散。

(三)在校大学生创业团队的建设和管理

搞好在校大学生创业团队建设和管理、孵化出真正具有特色的在校大学生创业团队,是大学生创业实践中需要不断探索的重要现实课题。

1.构建创业团队的共同愿景

构建共同的愿景是解决创业团队目标和价值观差异的有效途

径,可以促进团队成员团结协作,顺畅沟通,朝着同一方向努力工作。因此,必须在创业团队构建之初就明确目标是什么,明确团队领导核心,团队发展规划,根据业务明确分工,明晰责任和权利,保证团队成员在领导核心的带领下向着同一目标前进。在创业和发展中选择、吸纳新成员时,必须使其对团队愿景和目标有一个清晰认识和认同,保证团队成员方向一致、目标统一,且严格按照规章制度完成自己的工作。共同的目标和愿景是一个创业团队通向成功的必然条件,只有怀着共同的愿景、理想和价值观,才能保证团队成员在困难面前同舟共济、共渡难关,在企业获得发展后仍团结一致、协同奋斗。

2. 建设学习型组织,提升团队成员学习和创新能力

建设学习型组织是保持创业团队创造力的客观要求,是增强团队学习能力和创新能力的有效方式。学习型组织建设是一个动态、持续的过程,要保证学习的常规化和制度化,不断完善金融、商务、法律、政策、规划、市场、营销、管理、组织、财务、税收,产品、技术、资源等方面的创业知识体系,且在创业实践和企业经营实践中不断提升自身的业务能力、创新能力、协同能力和技能水平,保持旺盛的创造性思维、创新意识和创新精神,才能使创新性成果层出不穷。

3. 构建科学合理的创业团队管理体系

大学生创业团队的特点决定了创业团队管理的重点不是监督考核团队成员的具体工作行为,而是如何使团队及其成员更好地适应外部环境,消除团队在发展过程中遇到的各种困难和风险,为团队发展获得更多的资源。不同的专业背景、互补性的创业团队成员可以贡献差异化的知识、技能、能力、资金以及关系等各种创业资源,这些资源能够帮助初创企业更好地克服创新的风险和资源的约束;同时,必须充分考虑团队成员在性格特征、人文素养、专业技能等方面的差异。企业快速成长,不仅取决于CEO个人的性格、能力和特长,也取决于全体团队成员的个性、能力、特长和经验,以及他们合作共事发

挥的优势。

因此,加强创业团队管理,首先必须建立科学的团队成员遴选机制,克服大学生创业团队仅凭个人人际关系网组建的做法。选择创业团队成员的一般原则是,在知识、技能和经验方面主要关注互补性,在个人特征和动机方面则需要相似性。其次,大学生创业团队要尽量采用"大学生＋就业人士"的合作模式,发挥就业人士经验和资源优势。再次,在创业和发展过程中,团队领军人物要有胸怀和魄力,能将团队利益放在第一位;识别且尊重团队成员之间的差异,及时发现、了解团队成员的需求、团队内部存在的矛盾和问题,及时疏导、沟通、协调予以解决;信任且给予团队成员适当的权力,明晰团队成员的责任和权利;在共同目标愿景和价值观引领下,最大限度地发挥团队成员的主观能动性与积极性、创造性、责任感,不断激励成员,增强信任、互补、融合、联动和共振。例如,马化腾在创立腾讯之初,就和4个伙伴约定清楚各展所长、各管一摊。虽然主要资金由马化腾出,为了避免日后出现垄断、独裁的局面,他自愿把自己占的股份降到一半以下。如此,就使创始团队能在维持张力的同时保持和谐。没有人能够独断,保证了意见不合时讨论沟通的空间,直到现在,这五个都留在腾讯,不离不弃。最后,完善合理的创业团队管理制度体系,使所有指标尽可能地量化,尤其是构建既要反映团队整体绩效又要体现个人差异的绩效管理指标体系,抑制团队成员不规范行为的发生,保证团队成员的优胜劣汰、秩序稳定,人员匹配良性循环,团队精神、凝聚力、战斗力越来越强。

(四)塑造大学生创业团队的核心要素

1. 集体创新

创新是创业团队的内核。创业团队不是一群散兵游勇的简单集合体,具有集体创新意识的创业团队成员能够积极地参与共同分析识别创业机会、共同探讨创业资源获取、共同研究化解企业成长危机的创造性方案,且能够共同采取创造性行动以寻求企业的发展成长。创业团队"集体创新"的实现至少具备三个条件:团队目标与个体目标有机结合、团队整体利益和成员个人有机结合、团队内部竞争与合作原则有机结合。

2. 分享认知

相比于个体创业来说,采用团队方式创业可以极大地提高对创业机会的认知水平。不同的个体成员具有不同的知识和多种个性特征,可以通过集体意义上的综合"警觉性",更为有效地保持对外部客观存在的创业机会的认知和识别;具有异质性的团队成员可以选择不同角度对创业风险和收益开展更为科学的评价,从而获得更为理想的诸如组织建立、配利行为、企业成长等方面的创业利益;通过不同团队成员具有的社会关系间的整合,有助于形成更丰富的社会网络系统,为团队识别创业机会和获得创业资源奠定基础。

3. 共担风险

创业的高风险往往与高收益相伴随。个体创业者需要独自面对外部不确定性,而创业团队对风险不确定性的感知可以由成员共同完成。具有异质性的创业团队成员通常具有不同的风险偏好,可以从自身的知识视野分析和评价风险,且以一种积极的姿态共同判断可能发生的风险,提高对风险的正确感知,做出创新创业的风险判断,采取共同承担风险的方式,减缓由个体成员独自承担风险带来的巨大精神压力和经济损失压力。

4. 协作进取

"互联网+"时代的社会基本结构将更多从"公司+员工"演变成"平台+个人",这种"自治"的环境形态意味着个体成员能够形成创意,且在实施这种创意的活动中采取独立的行动,这给个体创业提供了更深厚的社会基础。分享经济是"互联网+"的重要经济形态。在分享经济模式下,消费者意愿和个性化服务成为潮流,在平台上提供商品或服务的商家主体出现了自然人经营主体。团队创业就不一样了，如果创业团队成员更愿意独立工作，而不愿意与团队内其他成员协调，这样的创业团队仍缺乏团队合力。只有团队成员认识到坚持自治原则和协作分享、共同进取的方式能更好地实现自我价值，创业团队才称得上真正意义上的创业团队。

第三节 "互联网＋"大学生创业的优劣势分析

一、"互联网＋"大学生创业的优势分析

（一）政府政策支持

我国政府已经制定了《"互联网＋"行动计划》，通过推动移动互联网、云计算、大数据、物联网等与各行各业的深度融合，形成新兴产业，最终将其培育成主导产业。国家已设立400亿元新兴产业创业投资引导基金，为"互联网＋"创业提供支持。人力资源和社会保障部、教育部、共青团中央等九部门联合启动实施"大学生创业引领计划"，从政策、资金等各方面支持大学生创业。各高校也相继出台了关于大学生创业的优惠政策，支持引领大学生创新创业。

（二）"互联网＋"提供了更大的创业舞台

如今，互联网经济市场规模越来越大。互联网应用已由娱乐为主向实用经济产业方面发展，"互联网＋"提供了更多的创业机会。

通过互联网的去中介化、扁平化、平等化作用，打破了品牌式垄断和信息不对称的垄断。过去创业主要靠人际关系，如今创业更加依靠智慧、经验与能力，淡化了创业者的关系背景，创业机会更公平、更公开、更合理。

（三）大学生创业的自身优势

伴随着互联网成长起来的新一代大学生与互联网有着天然的融

合性,他们运用互联网的能力更强,非常关注互联网的发展变化,能够灵敏地发现、捕捉其中蕴含的商机。此外,大学生智商高、思维活跃,容易接受新生事物。高校校园堪称小社会,拥有着丰富的教育、技术、人才等综合资源。同时,校园群体性居住、黏合度高,消费能力较高,蕴含着巨大的市场。大学生可以充分优化整合这些资源,立足校园,从服务身边学生的需求开始创业。

二、"互联网＋"大学生创业的劣势分析

(一)富有创业激情却缺乏毅力

随着近年来就业压力加大,在国家政策的引导和社会舆论的影响下,越来越多的大学生投身于创业活动中,创业积极性日益增加。可大多数大学生缺乏对开发项目的全面了解与分析,盲目选择,一门心思希望通过创业实现"一夜暴富",缺乏理性地看待创业过程的艰辛和风险。一旦创业失败,就会倍受打击,丧失其自信心,产生强烈挫败感。在众多的大学生创业者当中,最终能够有所成就的少之又少,甚至微乎其微。其根本原因就是个人能力有限,缺乏坚持不懈、持之以恒的奋斗精神。

(二)缺乏专业的创业知识和技能

创业需要大学生具备强烈的创业意识、娴熟的专业技能和卓越的管理才华,有面对挫折、摆脱困境和克服困难的心态。要想成功创业,还应有较强的知识素养,包括识别机会、人际交往、市场开拓以及团队合作等创业的知识和技能。由于我国大学生的创业指导还处在刚起步的状态,长期的应试教育导致大学生的视野不够开阔。此外,高校对创业实践环节缺乏足够的重视,致使学生缺乏相应的创业培训。

(三)缺乏创业启动资金

由于大学生个人资金少,创业资金大多来源于亲戚朋友,没有大

额度的银行贷款权限,这成为创业的一个瓶颈。大学生在创业的过程中,首先遇到的问题是创业启动资金无法落实。大学生信用体系尚未建立,大学生创业很难得到金融机构的贷款,也很难得到投资机构的青睐。大部分家长受观念、经济能力等的限制,不会在孩子毕业后再拿出一笔不菲的资金支持其自主创业。创业资金的缺乏,使许多大学生的创业计划成为泡影。

(四)创业的抗风险准备不足

创业存在风险。大学生受年龄及阅历等方面的限制,对创业风险缺乏清醒的认识,应对风险的心理准备不足,创业的热情受到很大的影响。

创业除需要具备必备的资金、技能等条件外,大学生还要有吃苦耐劳的心理准备。创业是一项非常艰辛的工作,创业者的抗压力、胆识和对市场变化的敏感性等都是需要培养和积累的。但凡取得辉煌业绩的创业者都经过了艰苦的创业过程。只有充分认识到这种艰辛,才有勇气直面挫折和失败。

(五)市场化经营运作的经验不足

大学生因涉世未深,受年龄、阅历等限制,没有广泛的人际关系网,没有创业的直接经验与间接经验,创业知识一般也仅限于书本,尤其是理工科学生更是缺乏市场商业运作的知识。

三、"互联网＋"大学生创业需要注意的问题

综合分析大学生创业的优劣势可以得出,在"互联网＋"时代,大学生应该充分发挥自身的优势,在实践中不断完善自己,逐渐提高自身的创业水平,选择合适的创业方向且持之以恒地走下去。

(一)考察创业需要的基本硬件

这些硬件具体包括:①创业知识和经验储备。有创业激情还不够,大学生要利用好大学四年,努力丰富自己的社会实践活动阅历,

且在实践中培养自己的营销能力、市场开拓能力和社会经验,充分利用大学校园的各类资源,如各种创业讲座、活动、创业大赛等,了解创业的流程、注意点等,积极储备创业知识,丰富自己的社会经验。②资金的准备。首先得明白自己的创业项目需要多少资金、如何获得资金、资金的来源渠道如何。大学生要开拓思路,多渠道获得创业融资,除了银行贷款、自筹资金、民间借贷等传统途径外,还可充分利用天使投资、创业基金或与校友联系寻求资金帮助等融资渠道。③组建优秀创业团队。在强调团队合作的今天,靠单打独斗获得成功的创业者少之又少。风险投资商在投资时更看重有合作能力的创业团队。因此,对打算创业的大学生来说,强强合作,取长补短,创建一个有凝聚力的团队,要比单枪匹马奋斗更容易成功。④要识别和选择好的创业项目。项目的好坏直接决定着创业最终的成败。好的创业项目要具有特色,让那些风险投资人愿意投资创业计划。大学生要注重利用自己手中掌握的专利技术,努力开发出具有独立知识产权的产品,吸引投资者的目光。

(二)脚踏实地,注重项目的落地性

由于心高气傲,大学生容易高估自己的能力;由于缺少工作经验和社会阅历,容易纸上谈兵、眼高手低,往往会选取一些看似"高大上"的创业项目,等到真正做起来才发现远非自己能力所及,落地性差,不得不半途而废。因此,选择创业项目一定要脚踏实地,要接"地气"。

特别需要强调的是,不能盲目跟风。部分大学生看到别人的项目赚钱,很容易盲目跟进。"互联网＋"创业,对科研转化项目更多的是关注技术壁垒,而对文化创意项目更关注的是先发优势。切忌盲目跟从。需要指出的是,即便你拥有自己的核心技术与商业模式,也要防止大公司的复制。

(三)休学创业要慎重

教育部出台了大学生可以休学创业的政策,一些高校也推出了

大学生休学创业的补充条例,可教育部高教司司长张大良并不认可部分媒体对"休学创业"的过分渲染。其实,创业是一项高风险的事业,成功的创业一定是以创新为基础的,它需要良好的专业技能和超强的学习能力。大学阶段的学习恰恰是培养学生终身的学习能力,以及走向社会需要的基本专业能力和人文素养。因此,大学生要珍惜大学学习时光,利用大学各种机会,提升自己的综合能力,结合专业优势,利用课余时间兼职创业,对选择休学或退学创业要慎重。

(四)利用政策,积极寻求多方支持

为了支持大学生创业,各级政府都推出了鼓励政策且提供了小额资金支持,搭建了"互联网+"各类创业平台,如各级各类产业园、众创空间、科技孵化园等,营造了良好的创新创业环境。因此,大学生一定要充分利用这些支持鼓励政策创业,积极寻求政府、高校、企业、投资人等多方支持。首先,要主动搜集研究创业所在地的政府出台的各类政策文件;其次,也要善于发现行业的一些鼓励措施,做到合理争取外围资源;最后,要积极参与各项创新创业大赛,若在大赛中脱颖而出就有可能获得企业、风投的青睐,获得资金支持、专家点拨和企业对项目的支持。

第五章
新时代高校创新创业教育的实践路径

　　新时代高校创新创业教育体系的构建对培养双创人才,促进国家及社会发展具有重要意义。因此,在新时代,高校需要从社会现实出发,在创新创业教有实践体系中不断探索。本章主要围绕高校创新创业教育管理实践模式、高校创客空间的搭建、高校创新创业多元孵化实践方式以及高校创新创业教育与专业教育融合的课程体系实践展开论述。

第一节　新时代高校创新创业教育管理实践模式

　　新时代高校创新创业管理是应社会发展与进步的需求而产生的,是推动高校教学管理改革,提高教育质量,提升信息经济时代学生就业率的强大动力。信息经济是中国经济强大的推动力,它必然给传统产业带来变革,而创新应时代而生,主要解决的是发展动力问题。信息经济化时代,在我国经济常态化的背景下,高校管理和人才培养同样需要创新。近年来,创新创业管理成为高校重要教学改革事项,在政府的大力支持下,呈现出发展和规模快速上涨的态势。但创新创业管理理念滞后,与专业教育结合不紧,与实践脱节是当前我国高校创新创业教育管理中存在的不容忽视的突出问题。创新是应社会发展与进步的需求而产生的,是推动高校教学改革和提高教育质量的强大动力。学生主体的发展有规律可循,环境和管理制度的不同会使大学生心理状态产生差别。因此,在信息经济时代下,学生的主体因素和发展规律在创新创业管理中不容忽视。

一、创新创业教育管理的意义

(一)经济发展的客观需要

目前,我国经济发展进入新常态,即在经济结构对称态基础上的经济可持续发展,包括经济可持续稳定增长。经济发展不再追求总量的增长,而是调整结构稳增长。经济新常态就是用增长促发展,用发展促增长。习近平强调,中国要走创新驱动道路才能真正强大起来。科技创新是中国综合国力提升和现代化产业体系建设的战略支撑。自主知识产权、核心竞争力和企业技术提升、产业结构升级、生产效率增长方式转变等,都需要创新能力。由此可见,以应用型创新为导向的创新人才培养是经济发展的客观需要。

(二)高等教育的客观需要

全世界的大学都在积极融合创新创业管理思想,为高等教育增添新的活力,对课程、教学、师资、人才培养等开展全新的教学改革。推进大学生创新创业教育是我国经济社会发展对高校教育提出的迫切要求。

(三)学生素质全面发展的需要

国民的素质高低体现了一个国家的文明程度和发展程度,世界各国都高度重视且大力推进发展素质教育。素质教育实质上是"尊重个性,发展个性"的教育,实施素质教育更需要因材施教,重视对学生的个性化培养。创新创业的教育管理理念强有力地推进高校开始思考"社会需要怎样的创新型人才",进而重视素质教育,注重对创造力和创新精神的培养,让学生个性得到充分发展,形成健全的人格。创新创业改革目标就是培养具有创新精神、创业能力的高素质人才。

这种需要分层次、差异化的个性化培养,这也是当前实施素质教育的要求。

二、新时代高校创新创业教育管理模式

(一)融入校园文化,让学生感受到创新创业的文化氛围和理念

在高校中营造浓厚的创新创业的校园文化环境氛围,形成新的职业价值倾向,激发创业的需要和激情。创新创业校园文化环境包括制度环境、物质环境、精神环境。高校的创新创业改革绝不是几名教师的任务,而是需要全员参与,转换人才培养理念。

(二)创新创业教学设计

我国创新创业的定位是面向全体学生,而简单开设创新创业课程显然不能满足错综复杂的个体差异。发散思维、创新精神、创造力等心理量需都需要从小引导,循序渐进地培养,所以低年级创新创业管理是高校创新创业教育的重要基础和保障。因此,在设计高校创新创业课程的同时,要加强对中小学创新创业教育的配套开展。针对学生特点开设创新创业选修课和社团,从浅到深、循序渐进地引导创业项目设计,通过逐级的竞赛给予学生奖励和正反馈,激发学生的成就动机,激发学生学习的自主性和积极性,拓展教学空间。

(三)社会系统的支持

创新创业教育呈现出支持保障体系完善、产学合作广泛、重视企业家精神培育和价值引领、注重国际性和开放性等特点。可见,创新创业管理不是高校单独的事情,而需要一个庞大的支持系统,形成促进创新创业的生态体系。我国的创新创业管理也应该重视和鼓励各方力量参与。

(四)完善创新实践基地,加强产教学研结合

产教学研结合不仅有助于学生巩固课本知识,提高学生创新创

业的意识,还能在具体的技能训练中培养学生的创新能力。高校在人才培养中要重视对人才的订单式培养,从社会实际需求出发,将理论教学、实践教学与科学研究三者有机结合,鼓励创新研究,增强创新创业教学实践效果,培养学生的创新意识和创业能力。

高校开展创新创业教育改革的目的是提高人才培养质量,为社会经济发展注入强大动力。创新创业是一个复杂的生态体系,在推进过程中难免会遇到各种各样的问题。在我国经济新常态背景下,高校教育工作者要高度重视,与时俱进,利用好产教结合、校企合作平台,以足够的耐心做到分层分类,逐步引导,推进面向全体学生的创新创业教育管理改革。高校要全面深化创新创业教育改革,培养和造就有创新精神、敢于承担风险、有创业能力的高技术技能人才,这既是新时代的历史使命,也是为创新型国家建设提供强大技能型人才支撑的必由之路。

第二节 新时代高校创客空间的搭建

一、新时代高校创客教育实施的基本路径

(一)新时代高校创客教育实施的方向

高校双创学院教育引导的主要方向应该遵循一个客观规律,即我国高校双创教育的开展还处于初期探索阶段。应在现行的科技条件背景和社会变革的大趋势下,去寻找可以遵循的规律,以谋求在短时间之内利用有效的资源,产生、强化大量高质量项目。

1. 创新、创业与创客

我国高校的创新、创业、创客教育是从不同角度开展的同一个工作的项目内容。

创新是人类发展的原动力,是思想方法和理论凝聚的重要范畴

点。只有不断地创新和迭代固有的需要改革的部分,才能使一个事物、一个项目和一种思想的走向更加趋于现实和完美。创新是从思想意识和时代趋势上去诠释操作规律,让广大师生树立创新意识,发挥创新精神,掌握创新技能与创新能力,且在技术部分运用娴熟后奠定创新的物质基础。

创业是将创新产生的对某一事物、某一思想或某一范畴的技术性的突破和思维上的突破创新点、项目落实到实际生活和市场竞争中去,是对人类的生产生活和科技进步去做更深入的具体操作,以谋求取得良好的利润。创业类型主要分为创新型创业与改变性创业。

第一,创新型创业。创新型创业是在创新的前提下,做出开创行业和高科技的亮点,以在充满市场竞争的社会环境中去落地,去运营,去输出有价值的产品和服务,去服务广大的用户与客户。由于创新型创业科技含量高、市场价值高,因此易受到资本青睐。

第二,改变型创业。改变型创业则是在原有已成熟的领域、原有运转良好的商业板块、原有正在应用和经过人们的实践检验的基础之上,做一个裂变型的改变,也就是将其某一部分开展迭代升华与创新改变。改变型创业的优势是在原有已经非常成熟的项目上面革新、改革、裂变和迭代,它的成功率是比创新型企业的成功率要高的,而且更加接近于市场变现的路径,更容易在短时期内推出能满足客户需求的高质量的创客项目。

创客是指将一个想法或一个创意变成一个有价值的产品与服务,且以此为乐、追求实现自我价值的群体。创客已经被中国高校中有作为的具有创新创业能力的人接受,而且成为他们的一种生活方式。

2.产品创客创业方向

(1)创造性产品创客创业

产品是创客创造出的原创、即时类产品,这些产品可能有着能够创造一个新行业的能力。在高校创新创业的创客教育活动中,应大力鼓励这种产品创业,但这种产品创业不易产生巨大的规模性效应成果。

（2）创客性产品创业

创客在某一行业的某一品类上再创造、再延伸、再发展,使其产生了拐点,这个拐点对整个行业具有颠覆性的影响。

我国高校双创学院在教育培养与引导产品创客时,会着眼训练创客的各项能力。其中最主要的是对产品创客的大脑灵活度的训练,使创客能够产生非凡的想法。这样的训练能够让产品创客将现有的产品开展拐点式的改造,且基于社会需求,创造出那些能够满足人们生产生活需求的伟大创客产品。这些训练包括多行动少抱怨、改变思维方式、打破规则、改变固有习惯、探索未知世界且实验、专注聚焦、增加毅力六个方面。

（3）营销类创客创业

营销类创客泛指在产品创客创造产品后将产品推向市场,寻找渠道与客户的创业群体。他们在销售产品的过程中,不断地了解客户的最新需求,将产品开展无限接近于客户需求的迭代。

在我国双创学院的施教过程中,培养营销类创客应该采取有效的手段与教育。产品创客只需要将一个想法付诸实践,发明创造出产品;而营销类创客是要将一个产品卖给用户,所以一定要足够了解这些用户的需求,以完成商业转化,故开展三个方面的训练。

第一,驾驭销售团队与销售渠道的能力。在参与市场竞争的过程中,营销类创客的管控能力、激励能力与领导能力对团队尤为重要,如果不能有效地驾驭一个商业帝国,就无法达成做营销类创客的目的。

第二,在市场推广时,要有拟人化、高情商的能力。当下的商业模式迭代频率加快,已经发展到红人经济时代。这一时代的显著特点就是将一类客户的需求做成产品与服务,且在相应的平台上推广,让更多的人来购买,且利用良好的口碑来实现自动销售。而这就需要建立品牌,要有相应的品牌故事、品牌调性来做标签,也就是当下流行的商业法则——超级IP。超级IP作为一个标签包含很多内容,品牌故事、产品、社群、媒体内容、媒体信道等,而IP的最高层次就是拟人化。

第三,营销创客应该具备快速使自己正在销售的产品按照客户需求迭代的能力。大数据时代是一个信息倍增的时代,是一个需求个性化的时代,是一个一切想法都能够快速实现的时代。企业的有效时间在缩短,产品的需求、拐点在不断地改变,所以营销类创客要能快速探求客户需求且改变自己的产品,使其适应市场需求,而不被市场抛弃。

（4）内容传媒创客创业

内容传媒创业既包括对科技、人文、心理、历史、哲学等方面的内容开展创作以及演绎的创业行为,还包括将已有的内容通过书籍出版,拍摄电影、电视剧、动画片,制作情景剧、歌曲,创作诗歌、舞蹈等形式进行内容创造的再表现。

内容传媒创业这一个概念在高校双创创客教育中才刚刚兴起,而且在中国社会主流人群当中也刚刚得到认知。内容传媒创业继通过传统媒体、纸质书籍、电视、电影、歌曲舞蹈、情景剧等表现后,随着近期移动互联网、软硬件和宽带的提升,又在自媒体上获得了更多机会。就目前的发展形势而言,内容传媒创业已经形成了相当的规模,在不远的将来,这些自媒体的表现形式和内容创业的繁殖量,将会超过传统内容创业与传统媒体的表现量。由此,不得不引起当下高校双创教育的反思——仅窄范畴地将双创局限于开发一个产品、建立一个模式,或是开办一家公司,是无法充分利用这些文化类的无形资产的。

（5）创投创客创业

创投创客创业泛指那些将工作范畴放在一个项目的种子阶段、天使阶段和风险投资阶段的工作群体开展的创业活动。快速建立由专业的天使投资人、风险投资人组成的教师团队且开设创投类的专业,培养创投类创客,这对利用资本杠杆、在项目前期开展风险投资的创投类创客具有重要价值。

我国由于直接从农耕时代到计划经济时代,再短时间到达市场经济时代,因而对创投创客的培养经验是非常不足的。我国高校双创学院应该从高层领导到教职工、从业人员,从课程设置到具体实施,都在认识和做法上有一个巨大的转变,而这一点,对我国双创创客的教育与实施成果的产生是至关重要的。在当下成熟的市场运作模式中,产品创客、营销创客与创投创客缺一不可。人们不应该只承认那些正在发明创造的科学家,也要承认那些能够将产品卖出去的企业家和社会上的精英人物,还应该意识到利用资本杠杆、在项目前期开展风险投资的这一类创投创客的价值。

(二)新时代高校创客教育实施的路径

1.新时代高校创客教育的发展定位

中国高校创客教育的发展是以各高校学校专业性质、各高校的优势专业和所在城市的特色产业为参考坐标,来制订出符合各高校自己的发展优势的创客教育的发展定位。

(1)高校专业性质

高校肩负着的教育内容与教育任务是决定其如何能够高效、便捷和多产地创造出创客项目的前提因素。不同类型高校在规划自己的创客教育发展定位时,应根据其性质来规划自己的创客教育实施方向和优化路径。

(2)优势专业

高校依托已具备的优势专业的人才生态体系来规划其创客教育实施发展的路径定位,有利于创客项目的产生、孵化和最终成果。同时,也能促进该高校、该专业人才的培育以及科研项目的诞生。

（3）高校所在城市的特色产业

一个城市的特色产业将会形成一个大生态圈，围绕这个特色产业会聚集大量相关高端人才和优势资源，进而突破了依托高校自身的生态来网罗资源与人才的局限性，从而有利于促进该高校创客人才和创客项目的储备与诞生。

2.新时代高校对创客行为的支持

高校对创客行为的实际支持包括四个方面。

（1）场地支持

创客教育与创客研究是一个长期的工程，创客需要在稳定的工作环境下做一个项目，所以必须获得这方面的支持。学校应引入创客空间与创客小组活动产品，以利于全员动员，加入创客教育，接受创客文化，创造创客项目结果。

（2）授课支持

应该为高校专业的创客群体提供系统的、完善的、具有特色前沿性的专业创客教育实施体系，以便于创客使用总结出的新进方法。

（3）宣传支持

学校宣传媒体与宣传阵地要高频次地开展创客教育、创客行为的引导和创客优秀人物的表彰，鼓励科研人员开展创客行为，助力专业创新。

（4）资金支持

学校除自身投入资金外，还需引入社会创投资金、企业科研资金等，使本校的创客教育在强大的资金支持下快速产出结果。

3.新时代高校创客商务拓展的生态资源

高校创客商务拓展的生态资源有六种。

（1）政府生态资源

各高校需要深度解读政府推出的政策，深入对接政府，顺应大势，利用政府层面资源来帮助自身创客教育的实施，助力自身高效创客教育和创客项目的实施与发展。

（2）科研院所生态资源

研究院和科研机构拥有大量国家支持资金，储备着大量国家层面和全球层面的优秀人才，有大量先进的实验设备与实施设备和最优的场地、资金等。要在本行业和本地区找到相关能够帮助到自身创客教育实施与创客项目落地的研究机构，去拓展利用他们的优势资源，为自己的创客教育与创新项目落地发展开拓有效路径。

（3）企业生态资源

大部分的创客项目集中在科研产品研发和商业模式创新等方面，与企业有着天然的有机连接，要结合企业的资金、市场、信息、大数据分析、客户需求反馈，反过来迭代自己的教育方向，丰富创客项目的功能研究。

（4）创客空间生态资源

创客空间是专门服务于创客的一个综合服务体，有办公空间，有资本辅导方面的功能，也有关于行政和社会事务打理方面的基本功能。校内的创客空间应该快速地打通各个专业的创客空间之间的壁垒，实现资源互通、资源互补，以利于高效地运用本校具有的创客空间资源去释放这方面的资源能量。同时，要找到同行业全球范围、全国范围和全城范围内跟自己有关联、有互补、有沟通，可以输出资源的创客空间，开辟这方面的有效通道，以利于自身高效创客的教育发展和创客项目的诞生、孵化、应用。

（5）投资机构生态资源

高校创客的商务拓展是一个以市场为导向的工作。高校应发挥自身的优势和影响力，大范围地与投资机构沟通，以取得投资机构对创客教育优化的支持。

（6）院校间的联盟生态资源

各个高校都有自身的特色，都有自己优势的专业和人才优势生态圈。因此，在高校实施创客教育、商务拓展、项目落地时，一定要充分地考虑到与其他高校的优势资源联盟,与其他高校的优质人才并肩作战。

二、新时代高校创客教育实施的节点

(一)新时代高校创客的项目管理方式

中国高校的创客项目管理从管理区域属性上可分为专业创客空间的项目管理,创新创业学院的项目管理,各专业的科研院所的创客项目管理,与其他校外研究机构、校外创客空间和其他关联单位的创客项目管理。

成立以学校为中心的组织机构管理与运营创客项目是最高效、最稳妥、最无风险的一种形式,其功能就是管理创客的创客项目、创客空间、创客的融资评定与创客的资源配置,协调创客在创客空间的日常工作和发展方向、计划目标和资源配置,协调创客空间与具体运营公司各部门之间的衔接工作,以及协调创客创业的项目公司与税务部门、法务部门、银行部门和国家行政管理部门之间的日常运营工作和对接出口。

高校对创客的日常项目管理涉及九大方面,分别是项目准入流程的管理、创客项目管理机构的管理、项目日常运营、专家顾问团工作、经验交流、项目合作、创客基金、融资计划以及记录和评价与奖惩。

1.项目准入流程的管理

对项目的准入与准入条件的管理是项目日常管理的基本内容,也是日后资源配置、人员配置和专家配置能够实现优化的基础保障。为此,高校需做到:第一,要确认创客拥有基本的公民权利。如果创客是未成年人,还要在监护人的同意下才能入驻;第二,有效审核其创客项目计划书,确保其项目是符合国家经营许可、符合国家法规制度、对国家的安全和环境保护不会造成危害后才能允许其入驻。入驻要以严格的表格化流程来确认合约精神;第三,审核各项材料,确认准入期限、退出机制和特殊帮扶政策,并签署入驻场地的日常协议与场地使用的说明和安全责任书。

2.创客项目管理机构的管理

创客项目管理机构应该对项目开展常规的分析、分类和阶段性的资源梳理,以求创客能够专心地开展项目发展。

3.项目日常运营

项目运营组的作用是负责创客在创客空间、科研单位以及协同的创客项目所在地的日常管理工作。具体包括制订全部的和分类的包括特性化的创客项目的管理制度、日常运营和年度的工作思路;组织、策划、召开有关创客的各类创新培训、日常的专家交流会和对外的资本路演;创客项目的评估、管理、营销、技术、法务、财务的个案咨商;审核入驻创客空间的个人、团体和项目的资格,定期维护应用的场地、设备;对安全、防火开展定期检查和责任区分。

4.专家顾问团工作

顾问团的主要功能是运用专家的智能、运用行业不同领域的专家的前沿成果对创客项目开展日常服务和广谱化教育,如以培训班、咨询案、帮扶团、陪跑团的形式。

5.经验交流

经验交流需形成流程化的管理,对创客的经验交流、培训和专家咨询等,应该做标准的流程、事先的备案和日常工作的管理,以避免浪费重要资源和在工作流程中有对接不畅的风险。

6.项目合作

创客本身的创业项目,如果是自运营,肯定需要合作;如果是合作项目,肯定需要与其他的公司、项目协调管理与运营。管理机构应授权运营组做前期的确认与管理,以避免在合作过程中出现风险,并确立好合作项目的责任分化、资金管理与项目的终止退出机制,使高效的创客项目在管理上走在成熟的、高效的轨道上。

7. 创客基金

创客基金本身与创客需要的资金的管理应该实行专款专用,并对专项基金的使用设立标准流程。对某一类国家特殊投入的项目资金不允许为其他项目使用,要保证国家确认的项目资金在使用上是透明的、可控的。

8. 融资计划

对其他机构和联合单位投入的资金也要保证其投入方向上无风险,以监管其资金投入不会被挪用和不正当使用,保证创客项目的日常运营管理的高效性,使其具有可控性。

9. 记录、评价与奖惩

应设立项目的日常记录流程,阶段性地评价项目的日常评估。表彰有突出表现者,有效监督违反管理条例者并给予相应的违约责任惩罚。

(二)新时代高校创客项目的数量

确定创客项目数量的增长点和普遍规律是现阶段的一个重要任务,可以从产生点、产生方式、增长点、增值方式这四个方面探索。

1. 产生点

产生点即创客项目数量的增长点。寻找具有普遍规律的增长点,就能促进创客项目的大量产生。

2. 产生方式

创新、创业、创造,一切始于创业,一切始于创意。创新是一个民族前进的动力,创造是民族工业的根本,创业是商业发展的动力。然而,无论是创新、创业,还是创造,都需要有一个触发点,这个出发点就是创意。

3. 增长点

如果说创新、创业和创造会让一个事物茁壮成长，创意就是那颗种子，让事物有了生根发芽的根基。高校双创要做好四个方面。

第一，要具备强大的自传播性。鼓励所有的参与者开通移动社交媒体端口，如微信公众号、微博、微直播、今日头条等。在现今这样一个强大的自传播的环境中，要积极向外传播自己的想法和创意，与他人交流信息，获得信息反馈，弥补自身在创意方面和专业方面的缺失。

第二，与相关领域范畴内的潜在客户有效沟通。在创业过程中，让潜在客户提供最真实的用户需求和价值取向，让创意有的放矢。另外，根据用户与社会某一类需求人群的需求点，去寻找那些以结果为导向的创意点。这一点，应该在双创教育中提供切实可行的操作方案。

第三，整合周边的强关系与弱关系。将身边可能会对创业有帮助的信息、人以及知识范畴有机结合在一起，高频次开展基于用户需求的交流，这样会在过程中激发出平时交流与思考中不能产生的重要增长点。

第四，彻底落实执行线上交流与线下交互的操作模式。因为在移动互联网社交与自媒体发展繁荣的当下，线上交流能够让人们利用碎片化时间打破地域的限制，这样可以使交流变得更高效。由于线上存在不能面对面交流的缺陷，所以必须与线下的交互场景相结合。线下的交流方式有头脑风暴、专家咨询、项目路演等形式，这些形式将极大地促进创意领域的创业增长。

4. 增长方式

增长方式主要有三种。

第一，纵向推进的创新模板。创客在原有产生点的基础之上，通过纵向的推进，不断串联产生更多的创新项目，形成螺旋式的递进，产生无限的创造项目的点。纵向推进的创新模板从三个方面培养创客：一是基于丰富的知识储备与广泛的高度融合，二是使其在事物的初始阶段就具备极强的好奇心，三是使其不要对研究的事物过于草率地下结论。

第二，横向推进的创新模板。创客在原有产生点的基础上通过横向思维拓宽对知识范畴的选择范围，运用想象力添加既有事物，使原有的创客项目产生很多其他的连接点，开展多产品的横向连接联盟，大幅增长创客项目的数量。这个模板的主要功能就是一个并联式的横向思维模式。在操作横向创新模板时，应该让人们有广泛的兴趣和对市场的深入探究，进而横向连接重新排版，将两个或三个或五个项目横向连接在一起，这对提高创客项目的数量有非常大的作用。

第三，立体生态的创新行为。所谓立体生态的创新行为，就是在某个产品的生产链条上的创新。链条是将产品服务以及信息从来源处安排到市场处采取的一系列活动和手段的顺序。对产品的市场活动的一系列活动和手段的链条顺序再创新，寻找出全息的信息和增长点、产生点。重视以一个链条和一个核心的科技研发原点为主线的结合，来成批地、全产业地、全链条地促进创客项目数量的增长点。在这一个大的链条上思考，会找出其中很多的闪光点、产生点和增长点。因为需要在产品信息需求、服务来源、市场层面应用、客户反馈这个大的立体生态链条上，纵向、横向、俯视、仰视，多角度地去看，才会发现更多的增长点。

(三)新时代高校创客项目的质量

创客项目质量包括四个方面的内容。

1. 控制点

要根据不同专业、不同领域、不同高校的教学范本与教学模板，对创客项目的质量设置标准的质量控制体系与控制点。质量的控制点需由学校与实施人员商谈编定,且在实践中加以检验。

2. 控制方法

主要从结果出发寻找答案,倒推创造出的创客项目。这种从源头上以结果为导向的逆向求异思维的控制质量方法,会使项目在创业设计初期就走上一条能够对接到现实应用的规范之路。

3. 能力训练

第一,建立项目基础文件库,在创造过程不断检测这些质控点,预防偏离质量控制的方向。

第二,描绘各个质量关键创造点的鱼刺图,以在更细分的方向上控制质控点,这样便于控制这些创业项目在创造性思维突进的同时不违背质量的关键点。

4. 项目路演

第一,初级路演层次可测试项目可行性与需求性,提升项目优质率与项目团队成员的高频次交互。项目路演可以分为内部项目路演与外部项目路演。这一个层次的路演是为了测试项目的可行性与需求性。集中内部参与人员开展一个正规的路演,将一个创业项目完整地叙述,让大家从各个方面评定以求提高项目的质量。开放外部的路演,也就是将非项目小组内的工作人员、非相关的人员与市场用户人员引进参与到项目的路演操作流程当中来,让他们站在各自不同的知识领域与市场用户需求的角度对项目的意见开展高频次的交互。

第二,高级路演层次是对天使投资人开展的项目路演,是以项目与资本行为相结合的市场化标准来评判创客项目的质量。因为评判创客项目质量的关键因素取决于能否市场化,而能否市场化的关键又取决于能否得到资本杠杆的支持,因而这个质控点非常重要。即使产品再好,项目再优秀,可若在市场推广中得不到市场的认可以及资本市场的认可,其他也都是枉然。资本的逐利性注定了他们能够从专业角度来看待一个创业项目,因而这是一个创客项目重要的质量检测点。只有这样才能够最接地气地与市场行为相结合,与资本行为相结合,进而产生高质量创客项目。

三、新时代高校创客空间的运营

在国家号召与推动大众创业、万众创新的全民创业运动背景下,高等院校都纷纷依托各自高校资源在校园内建立高校创客空间。高校创客空间的数量众多,甚至可与社会上的各类创客空间、创客实验室相媲美。

创客空间是各个不同的创客群体之间交流融合且有着高效、集约功能的场所。创客空间、孵化器和联合办公室三位一体形成了当下创新创业生态体系的基础设施。创客空间的作用是帮助和支持一个具有潜力的创客或者创客群体成功地创造出一个具有社会价值的创业项目。

高校创客空间提供物理空间、基础办公设备以及税务、法务、人力资源、天使投资、项目路演等相关创业服务。高校创客空间的最大特点在于背后依托于高校的青年才俊和教育科研资源。学生创客利用高校创客空间提供的办公场所、宣传渠道、教授辅导等服务将一个想法变成一个产品、服务、品牌,甚至一个平台,用这种价值来服务于高校中、城市中甚至社会中的某一类需求用户,高校创客项目借助高校创客空间这一平台,通过资本的杠杆和天使投资的力量有效孵化,直到能够在商业层面有所倚仗,在市场层面有所作为。

(一)新时代高校创客空间的建立

高校创客空间可以分为线下形态和线上形态。高校创客空间一般是以线下形态存在,多建立在校园的教学楼、实验室或活动中心等物理场所中。线上形态多是以校内创客社群、创业网站和直播平台等媒体平台形态存在。

高校创客空间旨在为学校创客提供活泼舒适却不乏严谨理论的

创业氛围,因而除了提供咖啡吧、会议场所和休闲聚会场所这种基础场所外,实验室中也应该配备相关制造类设备(如 3D 打印机)、检测设备和沟通类设备等。

组成创客空间的人群主要包括创客空间管理者、创客和创客导师三大类。创客空间管理者由学校创业部门相关的管理人员担任或聘请社会有经验的管理者;创客主要是有着高校背景的教师、学生等群体,同时也要吸引校外优秀的创客入驻;创客导师既有本校资深的商科教授,也有往届毕业的杰出校友,同时还要聘请大公司高管、创业公司首席执行官(CEO)、政府领导、天使投资人等社会人士。另外,还需要有足够的资金预算支持,实现新时代的创客空间运作。

(二)新时代高校产品类创客的培育运营

培育产品类创客应该开展专业化的运作和强强外联式的运营。具体的运营方法和路径应该遵循优势集约的方式。

①要强化自主优势。重点对受教育者开展创客精神、创业能力、创业方法的强化培训,进而培育出具备自主创新精神、自主创新方法和自主创新成果的优秀创客、创客群体、创客组织。

②将"走出去"与"请进来"相结合,使其充分发挥在某一品类或方向上的优势,让更多的专业创客及创客组织给学校中有创客潜力和创造能力的人员分享创客精神、方法方案和创造成果。

③将创业项目与资本有效结合,利用资本的力量发挥出项目的最大价值。

④推广创客文化,让创客文化深入人心。

(三)新时代高校众创空间的管理

在高校众创空间的成长过程中,管理是重中之重,让专业的人做专业的事总是最妥当的。高校众创空间管理的主要工作是对接校内及社会资源。

一是要有专业的团队、先进的商业模式以及法律的帮助,并将创客的想法、产品、服务、品牌与平台相结合,高效运营;二是对接媒体资源,为创业项目提供市场营销与媒体宣传;三是邀请各行业领域的杰出代表作为创业导师为高校创客开展创业辅导;四是主办或对接项目路演和创业大赛,将高校的优秀项目展示到社会中去,以此得到更多的机会。

(四)新时代高校种子类项目的输出

种子类项目的输出是创业项目与天使资本及众投的对接。运用资本的杠杆将一类产品、服务、品牌、专利和平台推向市场快速孵化,再快速服务于用户。众创空间除了自身拥有的天使资本、天使投资人外,还应该在社会上引进优秀的天使投资人和天使投资机构频繁对接项目。众创空间成长中的天使对接决定众创空间运营结果,同时也是能否出更多优秀项目的关键。中国高校双创学院可以通过高效的理念碰撞,以谋求众创空间在孵化创客产品服务以及品牌平台时更加快速,以强大的资本杠杆介入及倒推某一行业能够产生高核心价值的品类输入资本。为此,高校应当保持高度警醒,因为所有的发明创造与服务过程都是为了出结果和产生一个有价值的产品甚至平台。

第三节　新时代高校创新创业多元孵化实践方式

党的十九大报告提出要"倡导创新文化,强化知识产权创造、保护、运用。培养造就一大批具有国际水平的战略科技人才、科技领军人才、青年科技人才和高水平创新团队"。随着大众创业、万众创新时代的到来,依托"互联网+",高校应积极发展众创、众包、众扶、众筹等新模式、新业态,加强创新创业与市场需求、社会资本等的对接,建立多方参与的高效协同机制,丰富创新创业组织形态,为社会大众广泛平等参与创新创业提供更广阔的空间和多元化的途径。针对大学生创新创业多元化孵化开展的研究,有利于帮助且扶持大学生自主创业,进而缓解就业压力,促进国家经济持续发展与繁荣,具有重要的现实意义。

创业孵化器需要整合政府、高校、企业及个人等多方面的力量,为创业者提供办公场地、技术培训、政策扶持、资金申请等各种资源及服务,促进优秀的创新创业项目、先进科研成果等的转化,提高创业的成功率。

一、构建高校多元化孵化平台

大学生创新创业计划项目、各种创新创业竞赛选拔项目等是创业项目的来源。应加强对创业项目的评估,真正选拔出符合创业实践条件的项目以孵化。针对不同技术特点、团队类型的创新项目,采用不同的创业扶持方式。对风险高、周期长、资金需求量大的项目,可以采用与企业合作的技术许可、技术转让、技术入股等多种孵化模式;对一些技术含量高、有发展潜力的孵化项目,孵化基地需加强后续支持服务。针对大学生创新创业的现状,各高校纷纷建立了大学生创新创业基地及高校科技园,有力地支持了创新创业项目的持续开展,对大学生创业孵化起到了助推作用。

二、加强高校多元孵化平台的宣传与完善

高校要通过创新创业课程、学校实践活动宣传,以及互联网的各种渠道加强对孵化平台的宣传,让每个创新创业者都熟知孵化平台的作用,了解相关政策及其能提供的服务。结合产学研的校内外资源,建立和扩大多元化大学生创业协同孵化平台,构建完善的项目孵化流程和考核体系,保障和吸引社会优良企业对初创项目的投资。同时,应为创业者提供简化的各项流程,落实国家、省市、学校的各项优惠政策,更好地为创业者和创业公司提供服务。

第四节　新时代高校创新创业教育与专业教育融合的课程体系实践

要想实现创新创业教育与专业教育的深度融合，课程体系再设计和改造是关键环节。课程体系也是实现这一教育理念的支撑。将课程深度融合为一个新的整体，不仅仅是对几门创新创业课程的简单混合，还包括四个方面。

一、课程体系要实现在所有理论课程中都融入创新创业理念

对通识必修课，在专业导论和新生研讨课程中加强对创新思维、创新意识、工程意识、科学方法等方面的训练；在形势与政策教育、思想品德修养、成才导论、就业导论与职业规划等教学中，增加创新创业知识模块，注重对意识和精神方面的养成教育；在专业基础课与核心主干课程中，强化对学生创新能力培养的要求，突出对学生创新研究的帮助。

二、课程体系中要专门构建与增加创新创业理论课程

在通识选修课方面，要积极组织并开设创新创业基本理论和基本方法类课程，鼓励学生跨学科跨专业学习，进一步丰富知识结构，提高创新创业基本素质；在专题选修课方面，针对各类竞赛，如数学建模系列竞赛、电子创新设计竞赛等，以及科技成果转化设计、创业能力培训专题等，开设由多个学分组成的选修课程组，鼓励学生在某些领域形成创新创业的优势。

三、实践课程要整合专业教育的实践教学与创业教育的实战训练

在高校大学生自主研学项目中，按照创新创业项目要求，在各学

科专业系列专题创新设计竞赛中体现创新创业。此外,还要专门建立与完善创业系列专题竞赛与实训项目,创建高校创业计划专项竞赛。通过各类学科竞赛前期理论课程的学习,实践检验学生的学习成效、创新能力。在实践实训中还要专门建立科技作品制作、创意策划设计、成果转化设计与企业创办孵化实战训练项目。

四、专门设计创业辅修课程作为课程体系中的延伸课程

可面向全体学生增设创新创业教育辅修专业,积极鼓励学有余力的学生辅修第二专业和学位,真正将创新创业视为一项"专业"实施教育。通过辅修向学生传授和展示不同的创新创业观点、技能、方法和经验,为学生未来成为创业者奠定基础。

创新创业教育与专业教育相融合是我国高等教育人才培养模式的发展趋势与方向。从创业教育的内涵出发,将创业教育融入新的人才培养理念,落实到专业教学的全程中,不断完善高校人才培养方案。毫无疑问,课程体系的构建始终是一个出发点和落脚点。

当然,课程体系是一项系统工程,要真正形成深度融合的课程生态系统,还需要多方面的配套措施:一是完整的课程体系还需要有课程评价机制,即在新的课程体系实施后,需配套提出相应客观科学的评价标准和形成完整的创新创业教育课程评价体系,进而诊断与修正课程,判断成效;二是要进一步提高专业教师对创新创业的认同度和参与度。此外,我国高校中创新创业专业师资队伍的缺失和相关专业课教师对创业教育的认同程度较低也是创新创业课程实施面临的最大挑战。因此,高校需通过各种途径宣传和提高专业教师对创新创业教育的认知,提供相应的政策支持来鼓励教师投入创新创业教育教学;三是要建立相应保障机制,完善服务体系,加大创新创业课程、教学、实践等的经费投入,积极搭建多元化的教育平台,邀请创业精英及创业导师开设讲座,营造创新创业文化的良好生态。只有这样,理想的课程体系才能顺利实施。

第六章

未来的创业和创新创业教育

第一节　数字时代大学生的就业创业能力

互联网时代的到来和发展给世界带来翻天覆地的变化,从谷歌、亚马逊到脸书、推特,发达国家的发展不断地引领着大多数发展中国家走向信息化和数字化时代。如今,"互联网＋"数字经济时代继续打开就业的"新天地",催生"互联网＋生鲜""互联网＋教育""互联网＋医疗"等数字经济新业态以及新就业岗位、新就业方式,形成以数字基础设施、数字用户治理、数字创业、数字市场为四大要素的数字创业生态系统。人与人、人与企业的关系已逐渐转变成数字关系,形成各个节点之间的持久性连接。同时,企业通过网络关系、SNS 数字用户档案等以低成本、高效益方式维护社会关系,获取更多社会资本收益。

数字时代召唤创新创业人才,如成功的软件开发和应用需要创办者具备大胆、自信、速度、专注、战略性思维的创业精神以及以顾客为导向、以服务为中心的服务意识。大学生作为促进社会经济长足发展的主干力量,面临着世界快速发展和转变带来的日益激烈的竞争和不稳定的就业市场等就业创业新形势,需要最大限度地发挥自身潜力和技能适应时代发展需求。国外于 1947 年就开始探索创新创业教育,经过 70 余年的发展,全社会联动形成了浓厚的创新创业文化氛围,培养了一大批适应时代发展的创新创业人才,推动国家经济社会发展。

创新创业教育注重培养学生的就业和创业双重能力。大学生需要的就业技能主要包括一般技能、专业技能和人际交往能力。一般技能指发现问题、解决问题的能力,专业技能是拥有专业知识和专业技术、组织能力、实践能力等,人际交往能力为团队合作、客户沟通、人际关系等能力。部分学者将就业技能划分为显性技能(涉及技术的能力)和隐性技能(团队工作、沟通能力)两种形式。工业和高等教育委员会的调查显示,雇主雇用研究生时最重视的不是其专业知识的丰富程度,而是其领导力、创新思维、实践能力和工作经验等。世界变化日新月异,研究者对大学生的就业创业能力开展更加深入的思考和探究。大数据、云计算、5G、终端等信息通信技术具备多样性、数字性、迅速快捷等特点,正促进传统经济的转型、资本主义社会向知识型社会的过渡。因此,不仅应注重大学生就业技能的提升,更应加强大学生创业能力的培养,如创新、想象力、组织、谈判、应变能力等,这些都是数字时代需要的重要能力。

当前,中国同时面临着大学毕业生创历史新高、就业形势严峻的大难题以及加快创新型国家建设的强任务。为解决就业问题,推动"双创"发展,我们需要认识到大学生就业创业能力的缺乏、高校创新创业教育的不足、社会组织与企业联动的缺失等问题,多方面完善大学生就业创业能力培育机制,将培养大学生就业能力和创业能力相结合,更大程度上获取就业创业双效应成果,促进社会经济不断向前发展。首先,高校作为培养大学生就业创业能力的中心基地,应充分认识自身教育理念滞后、创新创业教育与专业教育不相融、理论与实践脱节等问题,加强引导高校领导对创新创业教育的重视,结合自身地方经济特色设置多样的创新创业课程,注入"兼职教师""双师型"教师等师资力量,引入案例教学等新颖的教学方法,培养学生自主独立性,增强批判意识、问题意识、创业意识、洞察力和决策力,达到提升创业就业能力的目的;其次,政府和企业应积极创设良好的创业就业环境,从"供给侧"视角出发,设立更多教育发展基金资助大学生创新创业项目和创新创业竞赛活动,将创业能力提升与风险企业相结合,合理分配布局资源供学生开展创新创业实践,提升其动手操作、表达沟通、交往合作、专业实践等能力;最后,有研究表明教育类、理财类、游戏类等 App 的使用能有效提升大学生的团队协作能力、创新能力、理财能力、信息获取能力、计划和执行能力等。因此,大学生应利用数字化时代创造的网络教育平台实现自主学习,提升自主性学习能力,利用互联网实现自我能力的进步与发展。

数字时代、互联网 2.0 是人性化、灵活化的,以自由开放的姿态为大学生创新创业注入新的活力,带来新的学习和实践机会,同创新创业之间相互作用、共生演进。在宽松化和多样化的学习氛围中,我们可以利用现有成果获取有效信息、培养创业就业能力。同时,通过高校、政府、企业、社会组织等机构的共同联合,从创业理念、课程设置、实践教学、风险投资等方面开展创业就业的基础教育和复合型教育,结合就业能力与创业能力培养,拥有敬业精神的同时满怀创业激情,具备进取心和团队意识,培养发散性思维和综合性能力,持续培育适应时代发展的拥有创业精神、专业技能、职业技能的创业就业能力的复合型人才,推动数字化时代持续向前发展。

一、就业创业能力文献综述

(一)创业能力形成:先天赋有派和后天养成派

先天赋有派认为创业能力是一种先天能力。这一派学者提出创业能力的不同是由个体遗传基因差异决定的,而与工作生活环境关系不大。Georgvon 等人通过实证得出结论,创业成功与否与基因差异的相关度在 60% 左右,且基因差异通常与机会识别差异相关。在创业能力的定义上,这些学者认为创业能力指企业家采取行动的质量,可能受到特征和认知的双重影响却又超越它们,因为它们代表了可观察和可衡量的知识、行为、态度和技能,直接与创业结果有关。个体特有的认知能力等先天能力可以帮助创业者识别机会、聚集资源,进而转变为创业能力,开创企业。在创业和中小企业研究中,创业者的人口背景、心理和行为特征,以及他们的技能和技术诀窍往往被认为是对企业绩效影响最大的因素。Raab 等提出,执行力和解决问题的能力是创业型人才必备的素质,也是决定创业企业组织链条的完整长度和企业经营效率的关键要素。各类实证研究显示,创业者的特性(毅力和激情)将会增加创业者的资源获取能力,创业者具有较高的自我效能可以提高其冒险能力,成就动机与创业能力及其创业绩效之间存在显著正向关系,此外,Mitchel 和 Rowlev 证明了女性创业者在关系能力和组织能力上比男性创业者更有优势。

后天养成派学者关注的是创业学习和创新创业教育。这一派学者认为创业能力是不断努力和学习的结果,在这个过程中不断地学习与获取出现的新知识和新技能,并与创业实际相结合,从而对创业行为产生影响。创业者是可以培养的,正规教育和培训学习、体验式学习对创业能力的提升具有积极影响。有研究指出,有些能力容易学习,而有些关键能力只能在实践中习得。创业学习的本质是经验学习,经验学习不同于课堂教授,其变化能显著影响创业能力的变化,在这种学习方式下,与竞争对手的合作学习对创业能力的提高有正向影响,自主学习途径的变化频率有助于提高组织协调能力、控制能力、领导力,网络学习有助于提高风险承担能力。近些年,随着大学生初创企业失败的数量不断增加,为学生提供创业实践机会和模拟体验成了大学生创业能力发展过程中需要面对的严峻挑战。不同于管理能力,创业能力有助于定义创新创业教育领域。教育是个人发展的重要来源,而且随着时间推移,如果教育被成功运用,它就可以成为个人能力的基础。高校创新创业教育课程资源通过让大学生参与到领导创业团队和项目中来,对发展提升自身的创业领导力具有很大的作用。可以量身定做创新创业课程以培养学生的特定能力,如理论与经验学习相结合,不仅提供理论,还允许学生以有意义的方式利用这些理论知识,进而发展学生的创业能力。

(二)创业能力发展:动态发展和静态发展

学者将能力区分为"稳定"能力和"动态"能力。"稳定"能力,如天生能力和情绪稳定,是相对固定的,可能会限制人发展一项技能的潜力。"动态"能力指可以获得和发展的能力,自我效能、特定知识或压力管理技能,受学习和发展过程的影响,可以通过培训和实践来提高,同样也会随着练习而增强,如果没有足够的练习,能力则会随着时间而下降。

Li 和 Ding 指出,创业能力是一个动态的概念,可以加强或削弱,而创业学习可以使之得到增强。学习是使创业行为得以实施的动态过程,创业能力是在学习、生活、组织管理过程中识别与利用机会时发展的。尽管越来越多的公共政策强调创新创业教育——这种正规教育对刺激创业和成功创业至关重要,而如何在工作生活中开发创业能力还有待探讨。

静态能力主要受"稳定"性较高因素影响。创业能力由深深扎根于一个人的性格、个性、态度、社会角色和自我形象以及可以在工作中或通过培训和教育获得的技能、知识、经验组成。通常来说,创业能力是与企业家精神紧密相关的概念,它不仅是通常理解的能力,还包含了技能、价值观等多种要素,是这些要素的一种综合状态,对新创企业的绩效和成长有显著影响。此外,社会、经济、文化等因素会影响创业能力,尤其是宗教、家庭、年龄、技术教育与培训、工作经验。

在数字化创业的背景下,以往二元对立的观点遭到瓦解,数据与技术既是有待开发的,又是不断更新的,如何最大化发挥先天因素的优势,利用后天因素提升大学生就业创业能力是时代课题。

二、大学生就业创业能力的影响因素

创业是就业的最高形式。大学生就业创业能力是创新创业教育的目标之一,受到了来自学界、业界等的广泛关注。在中国高等教育大众化的浪潮下,新冠疫情给大学生就业带来了巨大挑战与干扰,同时也释放出大量新的创新创业机会。与以往生存驱动型就业创业相比,新的就业创业更受机会拉动,可这对大学毕业生的综合素质与能力提出了更加严格的要求。大学生就业创业能力的影响因素是来自各个方面的,总体来看呈现出四"多"特点,即多层面、多理论、多视角和多学科。

第一,社会的不同层面对大学生就业创业能力的影响各异。在国家层面,政策的影响力能带动学生创业政策感知能力的培养,经济环境、行业特征、市场竞争等因素对大学生就业创业能力提出了更高的要求。在社会层面,传统文化与经济体制逐渐导致大学生形成一种强大的传统习惯,传统的经济体制也制约着大学生进一步创新求变的思想栅锁。在学校层面,有形实践与无形师资是培养大学生就业创业能力的基本着力点,教育与社会实际的拟合度高低影响着在这种环境下教育培育出的大学生能否满足"互联网+"时代对人才的需要。在学生个人层面而言,其内部心理因素如就业创业动机与态度、能力与性格等都影响着学生对就业创业的价值取向与判断,学生就业创业价值取向在其创业意愿与能力的发展上扮演着非常重要的角色,功利化的价值取向、低职业认知力与岗位适应力导致就业创业能力低下。

第二,从不同理论出发分析大学生就业创业能力的影响因素不一。特质论认为遗传基因、家庭背景、受教育程度、人力资本、地域因素等是影响大学生就业创业能力的主要因素。机会论认为主要因素包括先前经验、个人认知、学习风格、创业警觉性等。管理论则认为组织特征、外界环境、创业学习等外部与后天因素促进或制约着大学生就业创业能力的形成与发展。

第三,不同视角看大学生就业创业能力有不同洞见。从资源视角看,创业能力是创业者在创业活动中掌握的各种有形或无形资源,包括资金、设备、信息、技术及声誉等,这是支持创业活动顺利开展的资源基础。从机会视角看,创业机会的发掘是创业的重要基础,感知创业机会的存在是运用和整合资源以创造潜在利润空间、提升机会感知能力的关键前提。

第四,不同学科的大学生就业创业能力影响因素不同。教育科学强调创新创业教育的影响,创新创业教育普及率与受重视程度高低、课程设置与教学方式是否合理、双师型教师是否缺位等都影响着大学生能否以创业带动就业的实践。系统论强调环境对能力的影响,其观点是创业能力是创业者个体与创业环境互动的产物,创业能力的发展是在一定的创业环境中进行的,创业环境对个体创业能力的形成具有很大影响。心理科学从心理与认知视域看,强调个人的心理资本、人力资本、社会资本对大学生就业创业能力的影响。政治经济学则认为以时间价值、技术价值、经济价值、信息价值为核心的服务价值对提升大学生创业机会把握、关系胜任、创新创造、组织管理、承诺学习等能力均具有正向影响。新闻学认为创业能力受到媒体影响,如通过激发大学生创业意识提高机会能力,通过搭建大学生创业平台提高团队能力,通过指引大学生创业方向提高资源能力,而发展大学生信息收集能力、信息分辨能力以及信息传播能力对提高新媒体的从业能力具有重要影响。

本书基于数字化时代的发展特征,拥抱数字化要求,重新审视传统习惯,在求变中探索数字时代大学生就业创业能力的影响因素,提出就业创业能力的指标构成。

三、大学生就业创业能力的指标构成

(一)就业能力的指标构成

1.国外关于就业能力的指标构成

大学生就业能力构成指标与就业能力概念发展相适应,随其概念不断丰富而发展。国外对大学生就业能力的构成指标的研究起步早,学者起初研究侧重个人特质和外部因素两部分。21世纪后,经济社会不断发展,工作也变得更加灵活,学者对有关大学生就业能力的界定融入了个人的主动性、创新性等方面,研究视角也从关注劳动者的"可转化的就业能力"转向个人发展计划、终身学习等方面,将求职者的职业认同和职业实践与劳动力市场的动向以及经济、社会的整体发展情况紧密连接在一起,致使大学生就业能力的构成要素更加宽泛。梳理文献,可将大学生就业能力构成概括为:①基本能力(如听说读写能力、学科知识能力、沟通能力等);②个人素质(如诚实自信、承受压力、负责、自我批判的能力等);③通用技能(如团队合作能力、人际交往能力、创新能力及适应能力等);④高级能力(如领导力、管理力等)。

与此同时,国外学者还通过建构不同维度的大学生就业能力模型,进一步解释就业能力构成要素之间的动态关系,其中,较有影响力的模型有 Jackson 的二维就业能力迁移模型、Fugate 的三维就业能力启发模型、Knight 和 Yorker 的四维就业能力 USEM 模型和 Pool 和 Sewell 的多维就业能力"Career EDGE"模型,这些模型从不同角度揭示不同构成要素之间相互联系相互作用的机制。具体而言,二维结构主要是基于辩证法思想开展研究,三维结构侧重探索大学生个人发展和社会需求,而四维结构、多维结构则是对三维结构的细化。总的来说,欧美等发达国家已经建立较为完善的大学生就业能力模型,例如,Fugate 等在早期研究的基础上提出包括对待工作变化的开放性、工作和职业生涯韧性、工作和职业生涯前摄主动性、职业生涯动机和工作认同在内的 5 个维度,并设计开发出就业能力倾向性测量量表(a dispositional measure of employability,DME)。

2.国内关于就业能力的指标构成

分析大学生就业能力的要素和结构是研究大学生就业能力的基础,与国外相比,国内在就业能力指标方面的研究起步晚,特别是就业能力构成方面的理论探讨和可操作的实践指导框架的研究,国内外的差距就更大。近年来,通过比较各国的研究结果,国内学者基于国外不同的结构维度开展了深入的研究。郑晓明基于辩证思维将就业能力的构建元素上分为个人的智力因素与非智力因素,认为智力因素是个体生存发展的"硬件",而非智力因素是个体生存与发展的"软件",二者相辅相成,缺一不可。史秋衡和文静基于"USEM"模型分析大学生就业能力构成。李良成基于"Career EDGE"模型识别大学生就业能力的关键要素。施炜从促进人的全面发展和社会需求的角度形成了大学生就业能力提升的"个人—高校—社会"三位一体的框架。概括起来,大学生就业能力构成可概括为专业能力、通用能力(或称一般职业技能)和个人特质三部分,其中,大学生的专业能力和职业认同、就业认知等个体心理因素对大学生就业能力有重要影响。

尽管国内学者从不同的学科视角(如管理学、心理学和教育学等)开展研究与探讨,但大多数的研究仍存在照搬欧美国家的相关理论或量表,研究结果脱离中国的具体国情和文化背景,造成实践价值的不足的情况。因此,研究不仅要从多学科、多维度和多方法等方面探讨,还需要分析当前中国具体经济、社会、文化等环境状况,在具体中国语境下分析当前大学生的就业能力现况,探讨适合中国大学生生存与发展的就业能力构成要素。例如,史秋衡和王芳以 USEM 模型和自行研制的"国家大学生学情调查研究"模型集数据库(NCSS)为基础,根据中国大学生的特点编制了本土化的就业能力量表,分析了中国本科生的就业能力现状及发展趋势并提出相应的对策和建议;龚勋和蔡太生从心理学的视角探讨大学生个体差异,分析大学生就业能力的基本要素,还从教育学的视角提出破题之策,这值得学习和借鉴。

(二)创业能力的指标构成

1. 国外关于创业能力的指标构成

关于创业能力的构成研究,国外做了大量的定量、定性研究。创业能力构成与创业能力的概念一脉相承。首先,国外学者从不同角度界定了创业能力的概念,在界定的基础上,不同学者探讨了创业能力构成,研究成果主要集中在英美等发达国家,具体如表 6-1 所示。国外学者对创业能力构成的研究是多元的,注重以解决实际问题为重点,近年来多探讨中小企业的管理者能力与企业的发展、绩效、人力资本等方面的关系和影响。全球创业观察(GEM)认为,创业能力包括创办企业的能力、对机会的捕捉能力以及整合资源的能力。Chandler 与 Jansen 等研究发现优秀的创业者在管理能力、组织能力、人际交往能力、技术技能方面都具有较高的自我评价。在这个基础上,Baum 开发了 25 个能力量表,包括知识、认知能力、自我管理、行政管理、人力资源、决策技能、领导力、机会识别和机会发展等 9 个类别,同时还提出了另一个类别——组织技能(包括人际关系和管理实践)。有关大学生创业能力构成的研究中,美国巴布森学院形成了较为完善的结构体系,以培养学生创业能力为目标开展一系列创新创业教育活动。欧盟也认为创业能力是终身学习、工作和生活的核心关键能力,先后于 2016 年、2018 年发布《创业能力框架》和《Entre Comp 的实践:创业能力框架应用指南》,将 Entre Comp 创业能力模型作为指导欧盟推广和实施创新创业教育的中心工具。Entre Comp 模型集创业能力核心要素、创业能力学习进展、创业能力结果矩阵于一体,在欧盟高校中得到了广泛的认可,推进了创新创业教育的深入发展。

表 6-1　国外学者和机构关于创业能力构成的描述

学者或机构	创业能力构成
Jeffry A Timmons	①形成创业文化的技能:人际沟通和团队工作的技能;领导技能;帮助、督导和矛盾管理技能;团队工作和人员管理技能;②管理或技术才能:行政管理;法律和税收;市场营销;生产运作;财务;技术管理

续表

学者或机构	创业能力构成
Chndler 等	①识别出可利用的机会；②驱动企业完成从创建到收获的整个过程；③概念性能力：协调组织内所有的兴趣、利益和活动的能力；④人力能力；⑤政策性能力；⑥使用特定领域内的工具和技术的能力
Edwards	①个人特质；②蒙面技能，即人的潜能；③知识、技能、潜力和态度；④元认知学习能力
美国巴布森学院	①创新创意能力，包括具有新构想、新创意；②机会能力，包括识别机会、问题确认与解决；③组建创业团队的能力；④营销能力，包括辨认市场、进入市场、维持及增加市场等；⑤创业融资能力，包括决定现金需求、辨认资金来源及种类等；⑥领导力，包括感召团队、企业策划，政府关系等；⑦管理成长中企业的能力，包括建立企业愿景、招募人才、组织与监控实施、处理危机等；⑧商业才智，包括价格功能、利润及风险的辨识
欧盟	Entre Comp 创业能力模型：①创业能力核心要素从三个层次、三个领域阐明了创业能力的内涵与结构；②创业能力学习进展反映了学习者在创业学习中能力提升的过程，描述了创业能力发展过程中的八个能力级别及相应标准；③创业能力结果矩阵呈现了创业能力模块在不同学习进展级别上的预期学习结果

2. 国内关于创业能力的指标构成

中国学者在借鉴国外已有研究成果的基础上，对创业能力的构成提出了许多有价值的观点，具体如表 6-2 所示。学者们对创新创业能力的结构研究多数都是基于特定的群体、特定的活动需求的基础上，借鉴国外学者的理论、方法而开展的，已经形成了一定规模，而一方面由于中西方文化的巨大差异，仍需加强研究以形成具有中国特色的创新创业能力构成理论；另一方面尚未形成官方统一的创业能力构成体系,致使对中国大学生创业能力评价没有客观的标准。中国高校创新创业教育经过二十多年的发展取得一定的成就,但受各方因素的影响,发展仍相对缓慢,仍面临许多困境,完善大学生创业能力构成体系有助于推进中国创新创业教育进一步发展。

表 6-2   国内学者关于创业能力构成的描述

学者	创业能力构成
王辉等	机会把握力、创业坚毅力、关系胜任力、创业原动力、创新创造力、实践学习力、资源整合力七个维度构成
杨道建	将大学生创业能力划分为机会发掘能力(ODC)、组织管理能力(OMC)、战略决策能力(SDC)、资源整合能力(IRC)、创新创造能力(ICC)、和挫折承受能力(SBC)六个维度
高桂娟	对创业能力概念的推演以及对大学生创业能力构成的分析,构建由专业能力、方法能力与社会能力组成的大学生创业能力的三维结构图
薛永斌	大学生要创业成功应具备七种能力,包括识别机会能力、整合资源能力、筹资融资能力、利用环境政策能力、市场营销能力、管理能力、组织领导能力
刘畅	将大学生创业能力核心要素设定为个体特质、知识、技能,机会开发能力,管理经营能力,专业知识应用能力,创新能力和用队合作管理等六个维度
程玮	提出大学生创业能力六维模型,该模型由创业领导者能力,创新创业技能、创业者人格特质、职业通用技能、职业基本素养和创业团队成员必备能力 6 个维度 32 项要素构成,后期将创业能力结构模型优化为 6 个维度 28 项要索构成,模型更简洁,维度命名修正后更为合理

就业是民生之根本,创业是就业之源泉。近年来,大学生的就业和创业问题成为社会各界关注的焦点。2021 年,高校毕业生规模达到 909 万,同比增加 35 万人。2022 届高校毕业生预计 1076 万人,同

比增加 167 万人,增量增幅均为历年之最。现如今,大学生就业形势更加严峻。与此同时,人类社会已进入到数字时代,以云计算、大数据、人工智能、物联网、5G 移动互联为代表的新一轮信息技术变革在加速经济、社会及公共服务数字化转型的同时,不断冲击着传统的就业创业观念,大学生被鼓励在数字经济、平台经济等多个领域灵活就业以适应新产业新业态新模式,这些都对大学生的就业创业能力提出了全新的要求。因此,准确把握好就业创业能力的影响因素以及指标构成,有利于高校综合施策更加有效地提高大学生就业创业能力,从而培养时代所趋、民族所需、人民所盼的人才。

第二节　未来的创新创业教育

社会进步与技术发展会使现有的一些工作被机器人取代,也会催生出一批未知的行业和岗位。技术发展、社会变革和环境问题等将促使政府、企业和社会团结协作,带动更多的人参与到创业活动中,女性、少年人、老年人、少数民族成员、贫困劳动者及难民等弱势群体创业可能变得更加普遍。企业将期望员工表现出创业精神,从而使自身具备更强的创业精神以应对社会挑战。未来的创业可能变得职业化、系统化和结构化,促使创业者学习更多的创业知识和技能。因此,可持续发展需要创新创业教育,让每个学生都能成为富有创造精神、敢于将想法付诸实践、具有价值取向的个体。

未来,创新创业教育的覆盖率将大大增加,而将不再局限于部分高校,横向覆盖所有事业单位、企业、高校、科研院所等机构,纵向覆盖人才成长全部教育过程,包括小学、中学、本科乃至终身学习阶段。儿童前额叶皮质仍在发育,拥有更多的时间学习、学得更快。而成年人虽然不善于学习和吸收新信息,但过去积累的知识、经验以及成熟的心智可以帮助他们更好、更快地理解和长期保持创业知识和技能,也能够更好地利用学习技巧,控制动机和结果,获得更好的效果。对孩子来说，创业并非创新创业教育想要获得的结果，在学习中获取其他重要知识和技能才是首要的。因此，更成熟的创新创业教育的目的不再拘泥于授予学生有关创业的知识及技能以培养学生的创新创业能力，而在于从根本上激发学生的创新思维和创业精神，侧重于提升对象的创新素养，即对象需要拥有敢于推陈出新、敢于冒险的精神。这就要求创新创业教育培养学生感知环境、分析社会经济发展趋势和捕捉机会的能力，整合资源、利用网络和有效利用各种方法解决问题的能力，尤其是开拓性思考与实践的能力。创新思维与创新创业教育不仅渗透在中小学课程教学中，还会渗透在高校各个学科专业课程与教学体系中，成为人才培养的重要评价指标，即创新创业课程和专业课程深度融合将成为未来创新创业教育发展的必然趋势，从而推动创新创业教育学科定位专业化进程，在高校内部形成自成一体的创新创业教育学科专业体系。

实践是创新创业教育体系建设中无法忽略的重要一环。对内，学校创新创业教育会摆脱理沦化教学方式，在师资力量、教学过程、社团活动、社会实践等环节中提高实践水平，为学生提供现实生动且具有挑战性与参考价值的创业指导及基于行动的体验学习；对外，学校寻求与企业、园区、政府、科研院所的深入合作，搭建产学研一体的科技协同创新平台，通过获取政府、企业和社会的支持促进高校科技成果转化，为所有学生营造高度开放、自由、有保障的创新环境。无论是理论还是实践发展，新兴的数字化技术必定会为创新创业教育注入新的活力，大数据、云计算、物联网、区块链、人工智能、5G 通信等新兴技术将广泛应用于创新创业教育领域，形成数字化的学习生态系统，教学内容、教学方法及教学模式等都将与数字化结合，为社会提供契合时代发展需求，符合学生发展规律，更加便利化、多样化、个性化的创新创业教育课程，如全息技术、虚拟教学法在一定程度上抵消了当下因疫情、时空距离等困扰带来的不便。数字时代召唤具备高水平数字素养、数字能力的创新创业教育教师，未来的创新创业教育师资队伍建设也必然离不开数字化改革。学校应培养教师利用包括但不限于人工智能等资源,为学生构建一个良好的学习环境。值得注意的是,数字技术拥有人不具有的许多优势,比如能够存储大量的信息,能够快速、不知疲惫、没有情绪地传递信息,但数字技术不具有人的复杂情感,不能完全取代教师。

　　未来,创新创业教育的各种边界将基本消失,性别边界、时空边界、文化边界、种类边界、虚拟与现实之间的边界都将消弭不见,取而代之的是大众创新、万众创业。每一个人都是独一无二的,所有人都接受独特的课程与教学方法,在个人兴趣及能力的差异前提下自主选择创业知识和实践训练,学会利用现有的资源解决问题,成为富有创造力的实践型综合人才。

参考文献

[1]曾绍玮,李应.高校创新创业教育探索与实践研究[M].成都:电子科技大学出版社,2021.

[2]白静.新时代应用型高校创新创业教育刍议[J].学校党建与思想教育,2019(22):78-80.

[3]冯瑾.基于精细管理理论的高职创新创业教育师资队伍建设[J].中国成人教育,2019(24):83-85.

[4]赵强.高校创新创业教育探索与实践研究[M].北京:中国商务出版社,2022.

[5]曹望华.高校创新创业教育与人才培养研究[M].北京:北京工业大学出版社,2021.

[6]李颖.精准扶贫背景下的中职电商创新创业实践教学模式研究[J].现代职业教育,2021(34):22-23.

[7]于亮,辛明远,关雨."互联网十"背景下地方高校创新创业人才培养模式探讨[J].发明与创新(职业教育),2019(12):107.

[8]黄扬杰.数字时代的创新创业教育[M].北京:中国社会科学出版社,2022.

[9]刘丽红,曲霞.论高校创新创业教育与劳动教育的同构共生[J].中国青年社会科学,2020(39):103-109.

[10]王东生.新时代高校创新创业教育路径研究[M].长春:吉林出版集团股份有限公司,2021.

[11]李陈青.高校创新创业教育与专业教育的融合发展研究[J].福建商学院学报,2019(4):90-94,100.

[12]陈忠平,董芸.新形势下高校创新创业教育[M].北京:冶金工业出版社,2019.

[13]裴小倩,严运楼.高校创新创业教育协同机制研究[M].上海:上

海交通大学出版社,2018.

[14]周萍.众创背景下高校创新创业教育改革发展的路径探索[J].继续教育研究,2018(12):61-64.

[15]钟磊,袁媛.高校创新创业教育的价值定位、现实困境及策略选择[J].黑龙江高教研究,2019(4):121-125.